10歲開始自己學
管理金錢
賺錢、存錢、花錢、增值的理財知識

監修 八木陽子　翻譯 詹慕如
審訂 黃子欣（兒童理財素養教育專家）

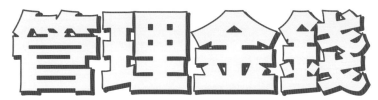

前言

許多人說亞洲國家的金錢教育很保守。
但「金錢教育」究竟是什麼呢？
是教人輕鬆賺錢的方法？
或是讓金錢不虧損的方法？
還是只有自己獲利致富的方法？

生存在這個社會上，
我們確實會需要這些金錢知識。

然而，只想著這些事的大人，真的幸福嗎？
你覺得只想著這些事的大人看起來很厲害嗎？
假如讓你從只想著這些事的大人那裡接受金錢教育，
又會如何呢？

這本書真正想要告訴大家的是：
金錢是社會的血液。
所以我們才需要思考，如何運用「金錢」能讓社會變得更好。

從事自己喜歡的工作，感受賺取金錢的喜悅。
透過自己喜歡的工作，感受貢獻社會的喜悅。
因為支持自己喜歡的公司，而感受到投資的喜悅。

金錢，並不是能賺到就好，或是能增加就好。
重要的是賺錢的方法、讓財富增值的方法，還有運用金錢的方法。
假如在賺錢和用錢時，能懷著「希望社會變得更好」的心意，
以及「帶給人們幸福」的願望，
那麼談論金錢，就會成為一件很酷的事。

這本書並不打算說冠冕堂皇的話。
而是相信，在這個社會上存在著「金錢的真相」。

——Kid's Money Station 代表　八木陽子

目次

第2章 未來的金錢會變成什麼樣子？

第3章 銀行是什麼樣的地方？

第4章 投資可以把錢變多？

目次

第5章 什麼是稅金和社會保障？

認識本書中教授金錢知識的老師們

咩咩老師

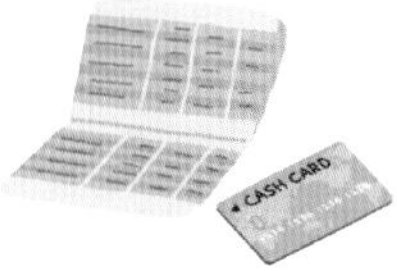

八木陽子

Kid's Money Station代表。前往澳洲參訪金融素養課程的經驗，讓她體認到「必須將人生中至關重要的金錢教育介紹到日本」並且為此努力耕耘了10多年，從此深深著迷於鑽研「金錢與人生」的深奧世界。

青青老師

柴田千青

原本是在企業上班的理科型女子，之後轉而從事財務規畫師工作。深切體認到人人都需要了解金錢與社會的相關知識，可是卻很少有機會學習。目前致力於兒童金錢教育相關工作。

安藤老師

安藤真壽

從教保員轉任財務規畫師。由於在工作上有機會輔導小學、中學的學校活動，有許多跟兒童相處的機會。以「progress」（前進）為信念，希望能簡單明瞭的向孩子們傳達金錢概念。

萬里老師

高柳萬里

學生時代完全沒有機會接受金錢教育，因此剛入社會時感到手足無措，為了提升生存技能，不得不在2008年取得財務規畫師執照，深信「未來的自己要靠現在的自己來照顧」，主要提供保險領域的諮商服務。

小佳老師

袖山佳

大學畢業後進入銀行服務，負責住宅貸款、投資信託等項目的諮商和銷售。面對客戶時，經常聽到「真希望能早點知道」、「希望學校能教這些知識」等心聲，因而感受到兒童金錢教育的不足。目前以兒子為實驗對象，希望能以簡單易懂的方式推廣金錢教育。

什麼是Kid’s Money Station？

http://www.1kinsenkyouiku.com

在日本設立的 Kid's Money Station（兒童理財站），目標是為了讓身處在快速變化環境中的孩子認識物質和金錢關係的重要性，其任務以地方政府和學校等機構為中心，進行金錢教育、職涯教育的課程和演講，截至2019年，已經舉辦了超過1,300場講座。

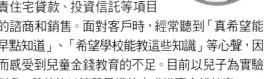

第1章

商品的價格是怎麼決定的？

本章可以學到這些觀念！

- 需求與供給
- 外匯市場
- 臺幣貶值與臺幣升值
- 景氣
- 通貨膨脹與通貨緊縮
- 景氣變動
- 成本

重點在於「想要東西的人」和「想賣東西的人」的需求是否達到平衡！

想要東西的人＜想賣東西的人＝價格下跌

想要東西的人＞想賣東西的人＝價格上漲

決定商品價格的原因很多；其中一個很重要的原因，就是「需求」與「供給」的平衡程度。什麼是「需求」？簡單的說，就是想要這個商品的念頭；至於「供給」，則是想要賣出這個商品的念頭。

如果想賣商品的人比起想買商品的人多，商品過剩的情況下，價格就會下跌。相反的，如果想賣商品的人比想買商品的人少，造成商品不夠，價格就會上漲。

然而，不管商品不足的現象有多嚴重，一旦價格上漲的幅度太大，就會有人覺得：「我雖然想要這個商品，但是價格實在太貴了，還是別買吧！」

當因價格太貴而放棄不買的人變多時，價格自然會下跌，最後漸漸平衡到想買的人和想賣的人都能接受的價格。這就是所謂「需求」與「供給」的平衡。

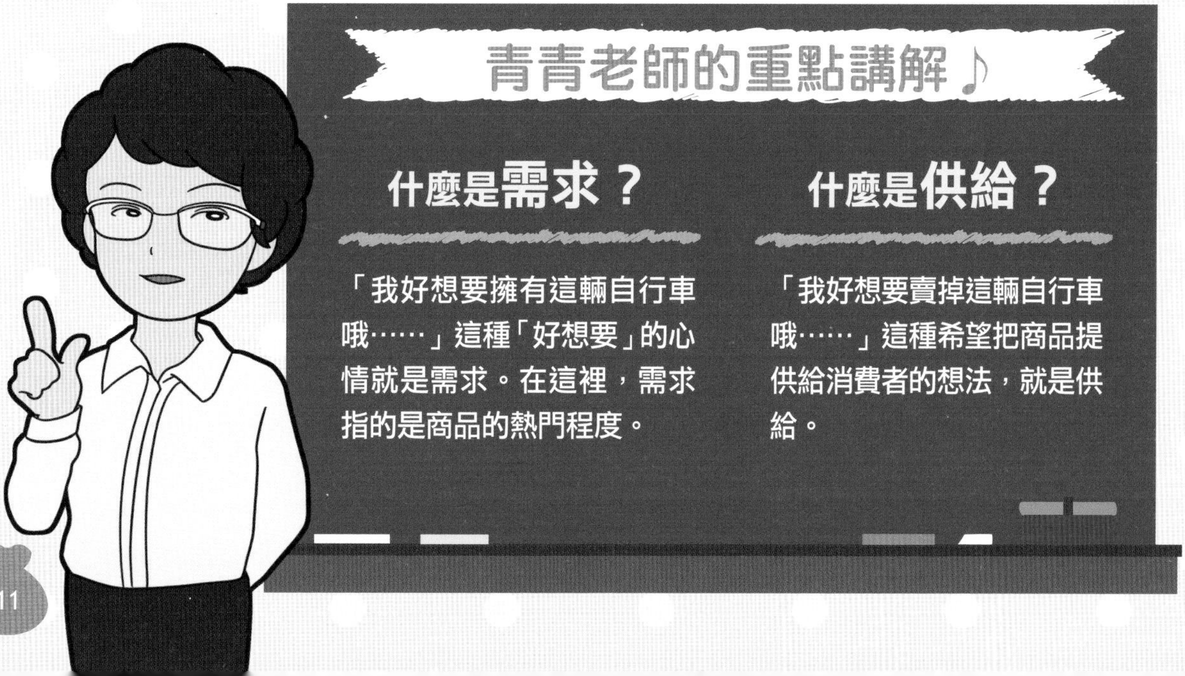
青青老師的重點講解♪
什麼是需求？
「我好想要擁有這輛自行車哦⋯⋯」這種「好想要」的心情就是需求。在這裡，需求指的是商品的熱門程度。
什麼是供給？
「我好想要賣掉這輛自行車哦⋯⋯」這種希望把商品提供給消費者的想法，就是供給。

相同的商品，價格也會上漲！

Q 為什麼山上賣的東西價格比較貴？

A 因為必須多花運費，而且商品數量比較少。

同樣一種果汁，和車站前的超級市場比起來，在山上賣的價格比較高。但是大家請仔細想想！是誰把果汁運送上山的呢？假如車子無法通行，就得揹著貨品搬運上山。這麼辛苦才終於運送上山的果汁，數量也很有限。不僅量少珍貴，還得多花運費，所以在山上銷售的商品，價格比較高。

Q 相同的商品，為什麼便利商店和超級市場的價格不一樣？

A 因為我們在便利商店買到了「方便」！

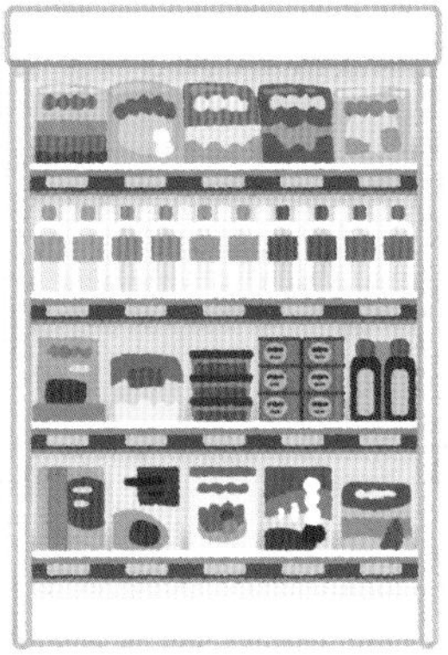

便利商店的商品確實比較貴一點，但是商品銷售的要素不僅僅是價格便宜。便利商店的商品品項豐富，而且在街頭巷尾到處都有，營業時間又長，為我們的生活提供很大的便利性，所以在便利商店購買東西，店家提供的不只是商品，還提供了便利、舒適等附加服務。因此購物地點的選擇，不只是考量價格，也會因消費者的需求而影響。

當需要的人變多時，即使是

Q 為什麼一到連假或是新年假期時，旅遊費用就會變貴呢？

A 因為放假的人變多，想去旅行的人也增加了。

大部分的人在新年假期時會有比較長的休假，放假的人多了，想去旅行的人自然也變多。從供需平衡的角度來看，這是需求完全高於供給的狀態，因此旅行費用也會隨之高漲，這是需求與供給取得平衡的結果。

商品的價格不能單純的以「便宜」或「昂貴」來衡量。認真思考自己到底為了追求什麼價值而花這筆錢，也是很重要的哦！

臺幣的價值
每天都在變動！

臺幣的價值會因「需求」與「供給」的平衡而改變，
臺幣的價值也會影響商品價格。

大家應該曾聽過新聞提到「今天的外匯市場……」這些字眼吧？每天，外匯市場會決定臺灣的貨幣，相對於其他國家貨幣的價值，例如「臺幣」相對於「美元」的價值。

在外匯市場中，除了臺幣和美元的關係之外，也決定了全世界所有貨幣的價值。我們必須了解「包含臺幣在內，全世界的貨幣價值一直在變化」這件事。例如，今天1美元具有兌換30元臺幣的價值，但是明天可能變成1美元兌換29元臺幣的價值。

至於為什麼價值會改變，原因出於「需求」與「供給」的平衡。想把臺幣兌換成美元的人越多，美元的價值就越高；相反的，如果想把美元兌換成臺幣的人增加，那麼臺幣的價值就會變高。而臺幣價值的變化，也會影響商品價格。（這一點會在下一頁解說）

咩咩老師的重點講解♪

臺幣的價值為什麼會改變？

想把持有的臺幣兌換成美元的人越多，美元的價值就會越高。相反的，想把美元兌換成臺幣的人越多，臺幣的價值就會越高。有意願交換表示有「需求」，這是受歡迎的證明哦！

你聽過「臺幣貶值」與「臺幣升值」這些詞彙吧！其實「臺幣貶值」與「臺幣升值」也和價格有關！

「臺幣貶值」的話，進口的商品就會變貴！

什麼？
我昨天才買的！
所有財產2.5萬臺幣
昨天1美元＝25元臺幣
今天1美元＝30元臺幣
米洛的維納斯
$1000

當1美元兌換25元臺幣的價值，變成1美元兌換30元臺幣的價值，就是所謂「臺幣貶值」的狀態。既然「臺幣」的數值變高，為什麼反而說「臺幣貶值」了呢？這當然是有原因的。

舉例來說，美國進口的美味餅乾一包1美元，那麼當1美元可以兌換25元臺幣時，用25元臺幣就可以買到這個餅乾；如果1美元可以兌換30元臺幣時，要買同樣的餅乾就需要花費30元臺幣。也就是說，購買相同商品需要花費更多「臺幣」，這種狀態表示「臺幣」的價值變低了，所以才稱之為「臺幣貶值」。相反的，當1美元可以兌換20元臺幣時，就稱之為「臺幣升值」。

當我們在臺灣購買進口商品，或是從國外購買製作商品的材料時，假如遇到「臺幣貶值」，這些商品的價格就會上漲，原因就在這裡。

安藤老師的重點講解♪

什麼是臺幣貶值？

臺幣貶值是指原本1美元可以兌換25元臺幣，變成1美元要用25元以上臺幣兌換的狀態，也就是必須花費更多臺幣才能換得1美元，這時候代表臺幣價值變低了。

什麼是臺幣升值？

臺幣升值是指原本1美元需要以25元臺幣兌換，變成25元以下臺幣就可以兌換1美元的狀態。當換得1美元所需的臺幣金額變少了，這時候代表臺幣價值變高了。

經常聽人說「景氣好」、「景氣不好」。景氣好的時候，商品的價格就會上漲嗎？

景氣的好壞，是依照市面上有多少金錢在流動而決定。

公司不賺錢，就不會幫員工加薪；如果薪水沒有增加，員工會為了省錢而忍耐著不買東西。

這麼一來，市面上流通的金錢就會減少，我們稱這種狀態為「景氣不好」。相反的，如果公司賺錢、薪水調漲，願意買東西的人增加，在市面上流通的金錢也會增加，這就是「景氣好」的狀態。

所謂「景氣」，是指有多少金錢在市面上流通，並不是從物品的價格來判斷。但從供需平衡的角度來看，景氣好的時候想買東西的人增加，結果商品價格上漲。

雖然景氣好令人開心，不過景氣是變動的，因此，我們的社會在景氣好與不好的反覆循環中逐漸成長。如果不景氣的狀態持續太久，國家和銀行會想辦法解決，這就是「財政政策」和「貨幣政策」出馬的時候。

萬里老師的重點講解♪

景氣的真面目是什麼？

大家聽過「景氣同時指標」這個詞彙嗎？在臺灣，每個月由國發會編制發布的「景氣同時指標」，是由工業生產指數、電力（企業）總用電量、製造業銷售量指數、批發、零售及餐飲業營業額等7個構成項目組成，代表當時的指標衡量景氣。

什麼是財政政策？

政府執行的政策

什麼是貨幣政策？

銀行執行的政策

通貨膨脹是指商品的價格上漲，通貨緊縮是指商品的價格下跌，哪一種狀況比較好？

這……是怎麼回事？
牛排一片800元。
奶油煎紅蘿蔔一根1萬元。

重點不在於哪一種狀況比較「好」，而是必須知道：這兩種狀況都有可能發生！

通貨膨脹和「景氣好」有關。景氣好時薪水會增加，買東西的人也會變多，當大家都在買東西時，為了達到供需平衡，商品價格會上漲。這種商品價格上漲的狀態，就是通貨膨脹。

雖然適度的通貨膨脹對整體經濟而言是「好的狀態」，可是萬一通貨膨脹過度，又會引發其他問題。因為商品價格上漲，製作商品所需的材料費也會隨之上漲，連帶著運送材料的運費也會跟著上漲；當所有價格都節節攀升時，薪資沒有增加的人就很難購買東西了。

反之，商品價格下跌的狀態稱為「通貨緊縮」，這時候，薪水、利率、糧食、能源等價格也會跟著下跌。薪水一旦減少，大家不願購物，於是商品的價格又會繼續下跌。當各種價格都接連下降，形成景氣的惡性循環，一步一步的走入更糟的局面時，便可能造成經濟蕭條。

青青老師的重點講解♪

通貨膨脹過度會如何？

通貨膨脹過度的極限狀態就是惡性通貨膨脹。陷入惡性通貨膨脹後，一個國家的貨幣將會失去信用。過去辛巴威這個國家陷入惡性通貨膨脹時，曾經發行過**100**兆辛巴威幣的鈔票。**100**兆聽起來是很驚人的數字吧？會出現這樣的鈔票幣值，都是因為商品價格攀升到極限的結果，所以即使持有**100**兆辛巴威幣的鈔票，也只能在超級市場裡正常購物，惡性通貨膨脹真是可怕。

惡性通貨膨脹 著名事件和發生國家

太可怕了！金錢價值大暴跌！

1988年 阿根廷

阿根廷的惡性通貨膨脹原因在於發行過多貨幣，這種現象始於1988年左右。這一年的物價上升率竟然高達5,000倍。到了隔年1989年，惡性通貨膨脹的狀況依舊沒有改善，使得阿根廷的經濟陷入嚴重混亂。由於大家不再信任阿根廷的貨幣，國民家中持有的現金形同廢紙。雖然1993年惡性通貨膨脹一度趨緩，但惡性通貨膨脹一直都是阿根廷最嚴重的經濟問題。

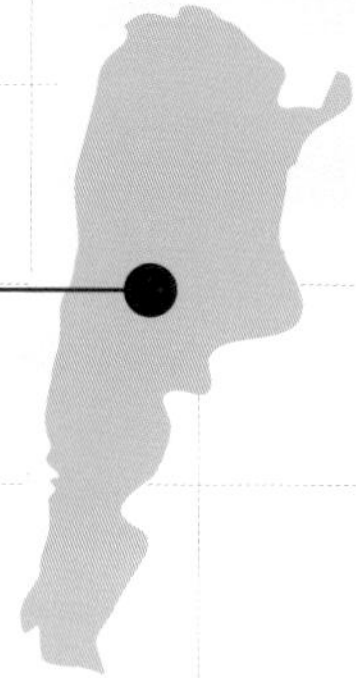

※資料為編輯部自行調查

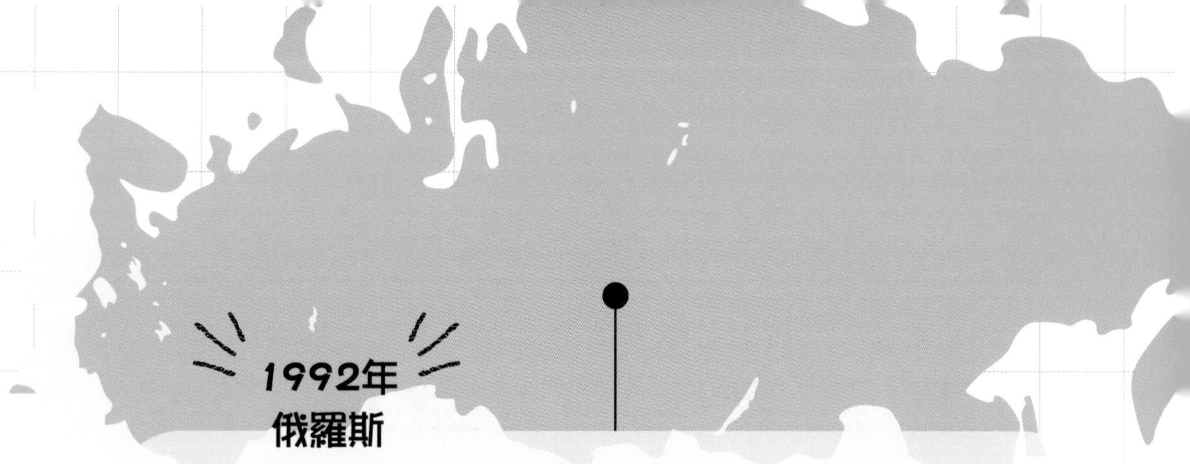

1992年 俄羅斯

現在的俄羅斯原本是蘇維埃聯邦的一部分。1991年蘇維埃聯邦解體，成立了現在的俄羅斯聯邦，並且一度陷入經濟混亂，發生惡性通貨膨脹，1992年的物價上升率竟然高達26倍。以臺灣的狀況來想像，大概會是去年可以用25元買到的巧克力漲價為650元。一定沒有人希望巧克力變得這麼貴吧！

2008年 辛巴威

辛巴威是位於非洲的一個國家，1980年獨立，辛巴威政府將過去掌控國家的白人農家驅逐出境，結果導致國內農業人口不足，農作物也不敷使用。受到這些影響，自2000年開始出現通貨膨脹，2008年時物價暴漲至數百萬倍，而且持續不斷上升，終於淪落到必須發行100兆辛巴威幣鈔票的地步，最後走向經濟破產的結局。

景氣永遠在變動，世界上的經濟活動也逐年蓬勃，讓我們一起來思考其中的意義！

只要世界在變動，維持不變也會有風險！

佛教中有所謂「諸行無常」的概念；簡單的說，就是世界上沒有永恆不變的東西。經濟和金錢的世界也是一樣的道理，景氣永遠在變化；商品的價格受到許多因素的影響，也一直在變化，就像人是會成長的生物，世界經濟也每年都在成長。

在這樣的狀況下，如果長期把錢存放在家中保險箱裡，會發生什麼事呢？

讓我們一起想一想，假如你把3千元放在保險箱裡保管，打算10年後再使用，就算現在的3千元可以買得起一套遊戲軟體，等到10年後物價上漲，3千元可能就買不起遊戲軟體了。

愛惜金錢固然重要，但是只要經濟持續成長，我們也要學會配合經濟成長的腳步，設法讓金錢增值。

萬里老師的重點講解♪

為了未來的生活，必須承擔一些風險

沒有人可以預知未來。正因為不知道未來會發生什麼事，才會稱為「未來」，這種「無法得知」的現實，其實也是一種風險；也就是說，人類生存在這個世界上不可能沒有風險。對金錢的想法也一樣，好好保管金錢固然重要，但是等到長大成人，自己擁有的金錢稍微多一些的時候，要試著拿出部分，配合當時的經濟成長設法讓金錢增值，這種挑戰也是很重要的。

實例 不同時代的價格，差異竟然這麼大！

商品價格會隨著時間波動

商品價格波動的案例非常多。
比方說我們常喝的養樂多，也是曾經有過一瓶1.5元的時代。
當然，未來的價格還會繼續變動。

養樂多的價格
竟然有這麼大的變化！

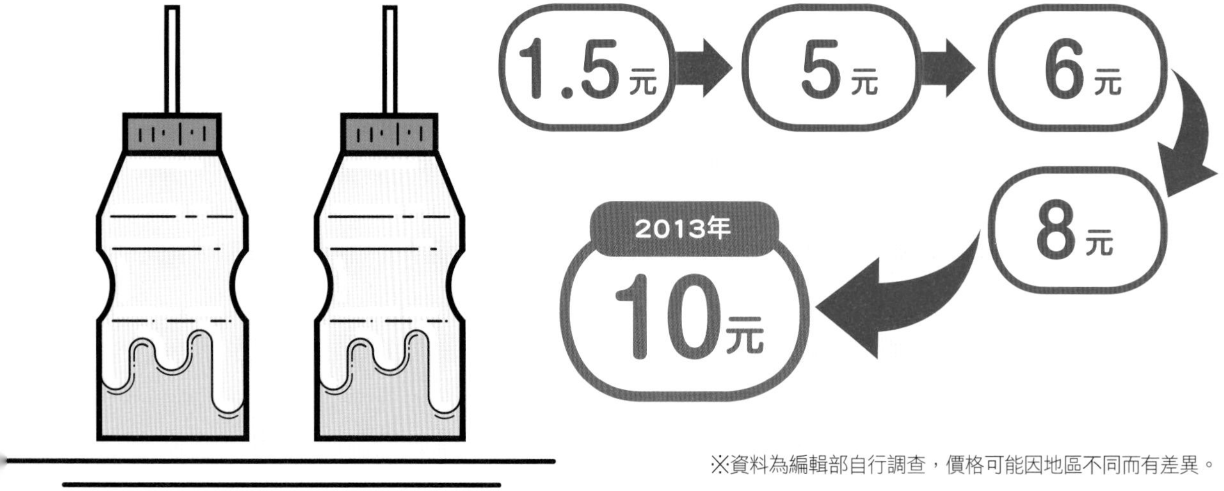

※資料為編輯部自行調查，價格可能因地區不同而有差異。

歷久彌新的平民美食！

陽春麵的價格變化

1960年	2元
1970年	6元
1980年	15元
1990年	20元
2000年	25元
2010年	30元
2020年	35元

長大以後我也想搭！

臺灣計程車起跳價格變化

1920年	3元
1960年	6元
1970年	10元
1980年	24元
1990年	50元 ↓ 60元 ↓ 65元
2000年	70元

※此處以臺灣大多數地區價格為準，有些縣市可能略有不同。從2015年開始，計程車起跳價不變，但調漲續跳價格。

想一想，製造一盒巧克力需要花費多少成本？

決定商品價格的時候，
成本是一大重點。

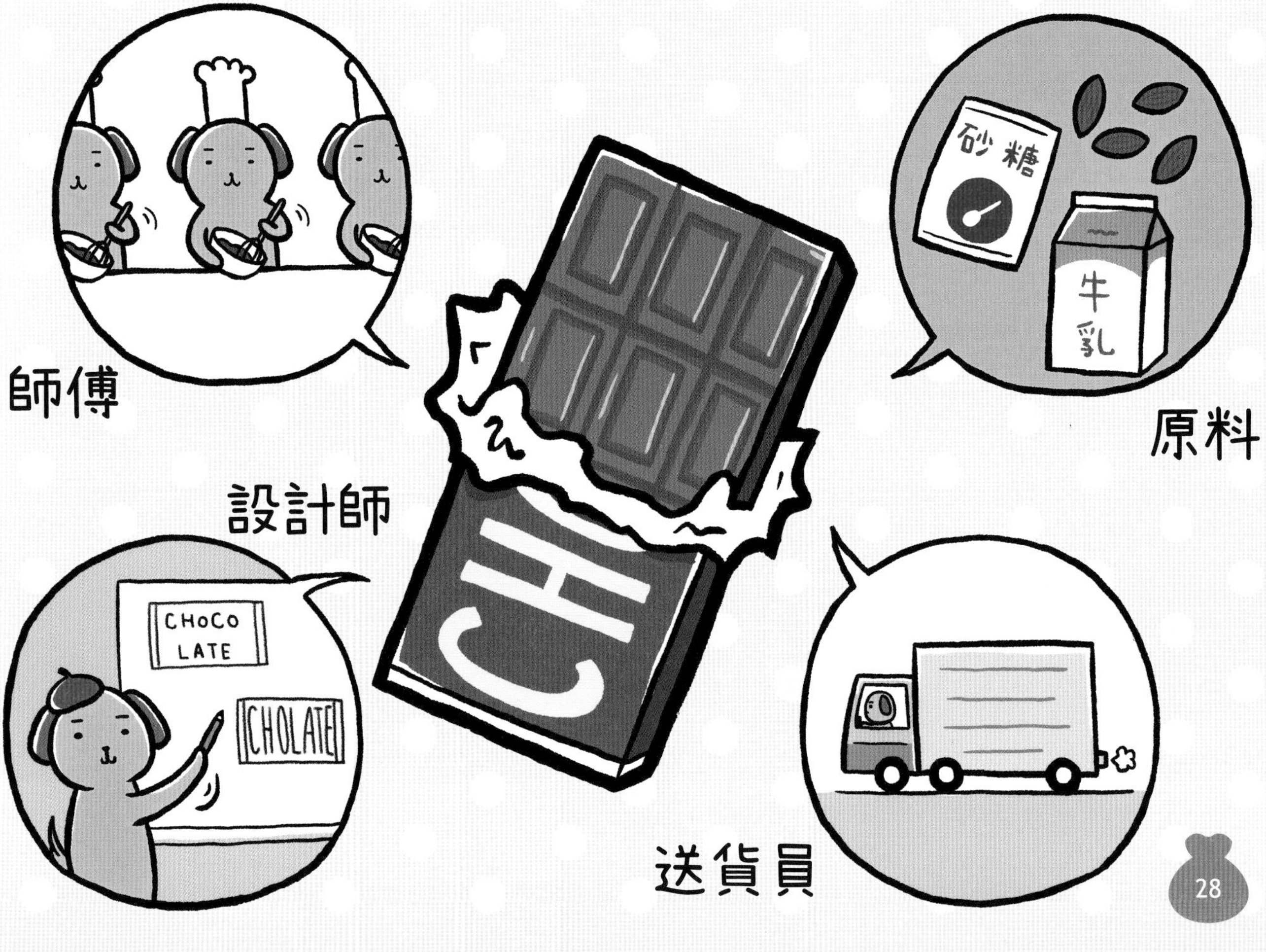

製作一盒巧克力，需要砂糖、可可豆等原料，還需要有手藝精湛的師傅將這些原料製成美味巧克力，做好的巧克力要放到盒子裡包裝銷售，所以也需要設計包裝的設計師。另外，把完成的巧克力送到店面的送貨員也很重要。

由此可知，打造一個商品將會產生很多費用。

製作商品時花費的金錢，稱之為「成本」。每間公司對於商品應該花費的成本都抱持著不同的想法，但是如果用低於成本的價格來銷售，公司就會虧損。

當我們看到各種商品價格的時候，要盡量養成習慣去思考「為什麼這個商品會是這樣的價格？」未來在看到製作工序很複雜的商品時，或許就能夠體會到，這樣的商品稍微貴一點也是難免的。

小佳老師的重點講解♪

什麼是**成本**？

製造商品時所需要花費的材料費、人事成本、運費等，叫做成本。決定商品價格時，如果用比成本更低的價格來銷售，就會出現赤字。商品的成本高，銷售價格也會跟著提高。成本是決定商品價格的大原則，必須先計算好成本，才能設定不會造成赤字的銷售價格。

專欄

古今中外和金錢有關的名言

①

自己的金錢、自己的工作、自己的財產，這些東西雖然可以說是屬於自己的，但終歸是社會給予我們、是社會暫時放在我們手裡保管的東西。

松下幸之助
（西元1894～1989年），日本知名企業家。創立Panasonic，臺灣名稱「國際牌」。

金錢、工作、財產都是靠自己「取得」，同時是我們「收受」的東西，讓我們帶著「感恩」的心情，與金錢相處吧！

蘇格拉底
（西元前470年左右～前399年），古代希臘哲學家。以「知道自己一無所知」的「自知無知」而聞名。

縱使一個富人以自己的財富為傲，也要等到他懂得如何運用財富之後，才去稱讚他。

我們不應該一看到有錢人就急著讚嘆他的財富，重要的是觀察他「用錢的方式」。運用金錢的態度，可以展現出一個人的品格。

第2章

未來的金錢會變成什麼樣子？

本章可以學到這些觀念！

- 無現金支付
- 終端裝置的種類
- 方便之處與危險之處
- 加密資產

不用掏出現金，也可以買東西的便利方式！無現金支付有三種付款方式。

你的無現金支付
是預先付款？
即時付款？
還是事後付款？
好難選哦……
預先付款
事後付款
即時付款
根據自己的習慣，
找出最佳的支付方式！

現代人已經漸漸不需要帶鈔票或錢幣出門，只要運用智慧型手機上的應用程式或卡片等支付工具進行「無現金支付」就能購物。

無現金支付根據付款時間，可以分成三種。第一種「預先付款」，例如電子錢包、悠遊卡、一卡通等大眾交通工具卡或便利商店發行的通路用儲值卡，通常都屬於這種必須先繳入金錢儲值再進行支付的方式。第二種「即時付款」，例如簽帳卡，付款時當場從銀行帳戶餘額扣繳費用。第三種「事後付款」，代表的則是信用卡，因為信用卡持有人有足夠信用，所以可以先購買再付款。

與預先付款或是即時付款相比，如果採用事後付款的方式，卻帶著「即使現在沒錢，反正之後再付就好」的輕率心情而揮霍過度，可能會陷入負債危機，千萬要小心控制！

青青老師的重點講解♪

沒帶錢包的一天

大家搭捷運時使用的悠遊卡也是一種電子錢包！現在有很多商家都接受電子錢包支付，不管是食物、文具，都能用無現金支付的方式購買。讓我們一起來看看，沒帶錢包的一天可以這樣度過。

- **7:00** 起床
- **8:00** 搭捷運上班（車資50元，以電子錢包支付）
- **12:00** 午餐
- **17:00** 下班後去購物（漫畫150元，在書店以電子錢包支付）
- **18:00** 搭捷運回家（車資50元，以電子錢包支付）
- **19:00** 跟家人一起用餐（在超市購買食材，以電子錢包支付）
- **21:00** 就寢

無現金支付形態很多，有「IC晶片」、「QR碼」、「條碼」，可運用的技術相當多元。

雖然看起來只是小小的符號，其中的技術卻蘊藏許多智慧的結晶！

無現金支付系統是由世界上許多信用卡發卡公司和電子結算服務公司所管理，因為參與的公司很多，所以系統有許多不同型態。比方說，信用卡上通常會貼著一條黑色磁條，這也是磁鐵的一種，由這個磁條可以讀取到消費者的扣款銀行帳戶等資訊。

搭捷運時使用的悠遊卡內含一塊小小的IC晶片，上面記錄著「進站時間」、「出站時間」、「餘額」等詳細資訊。其他還有很多應用程式經常運用的QR碼和條碼，這些都是很精密的技術，雖然看起來只是單純的記號或線條，其中卻包含了大量的資料。

無現金支付有這麼多型態，不過，所有的機制都一樣，那就是在讀取資料的過程中，獲取付款所需資訊來進行結算。

萬里老師的重點講解♪

未來只要「刷臉」就可以購物

無現金支付技術正逐漸進化，將來有一天，或許我們會連磁條或QR碼都不需要，只要「刷臉」就可以購物。讓機械掃描消費者的臉和他在店裡買的商品，在辨識出消費者的身分後，就能知道這個人的銀行帳戶等資訊，並完成結帳。現在世界各國都已經展開這項實驗了。

無現金支付結算好輕鬆！但是在方便的背後，也隱藏著許多風險。

輸入畫面
姓名：噗噗子
生日：2002年2月2日
郵遞區號：222-2222
住址：噗噗區噗噗町2-2-2
職業：名媛
那我就拿走嘍！
好想要！買了！
噠噠
噠噠
個人資訊
非常重要，
一定要妥善管理！
以免外流，
被不法人士利用！

無現金支付的重點在於「一切過程都仰賴資料的往來」，例如在網購頁面上買東西時，需要輸入信用卡號和檢查碼。但是在網路世界裡，隱藏著一群運用攻擊系統做壞事的人。

這些駭客可能會悄悄侵入資訊系統，偷走你重要的個人資訊，運用於非法途徑。就像新聞報導中常見的，許多電子錢包使用者因資訊被竊，而導致大量金錢損失。

使用悠遊卡也需要注意。萬一不慎遺失被撿走，即使掛失了，儲值的錢還是可能會被別人擅自花掉。

當小偷使用你的電子錢包時，店家是沒有辦法分辨出來的，所以即使電子錢包不像現金具有實體，也是應該好好保管的一種金錢。

咩咩老師的重點講解♪

降低風險的好方法

使用多個帳戶

如果你只有一個扣款帳戶，萬一遇上非法交易，你的錢可能會一次全被盜領。因此有兩個以上的帳戶，把金錢分開管理，也是一種相對安全的作法。

頻繁確認扣款明細

有些盜用他人資訊的不法分子，為了避免被發現，會分批盜取少量金額。因此，持有現金支付帳戶的人要常常確認扣款紀錄等明細，一旦發現有沒印象的交易，就要盡快查證。

透過網際網路幫助全世界的人！只有派出加密資產（虛擬貨幣）辦得到？

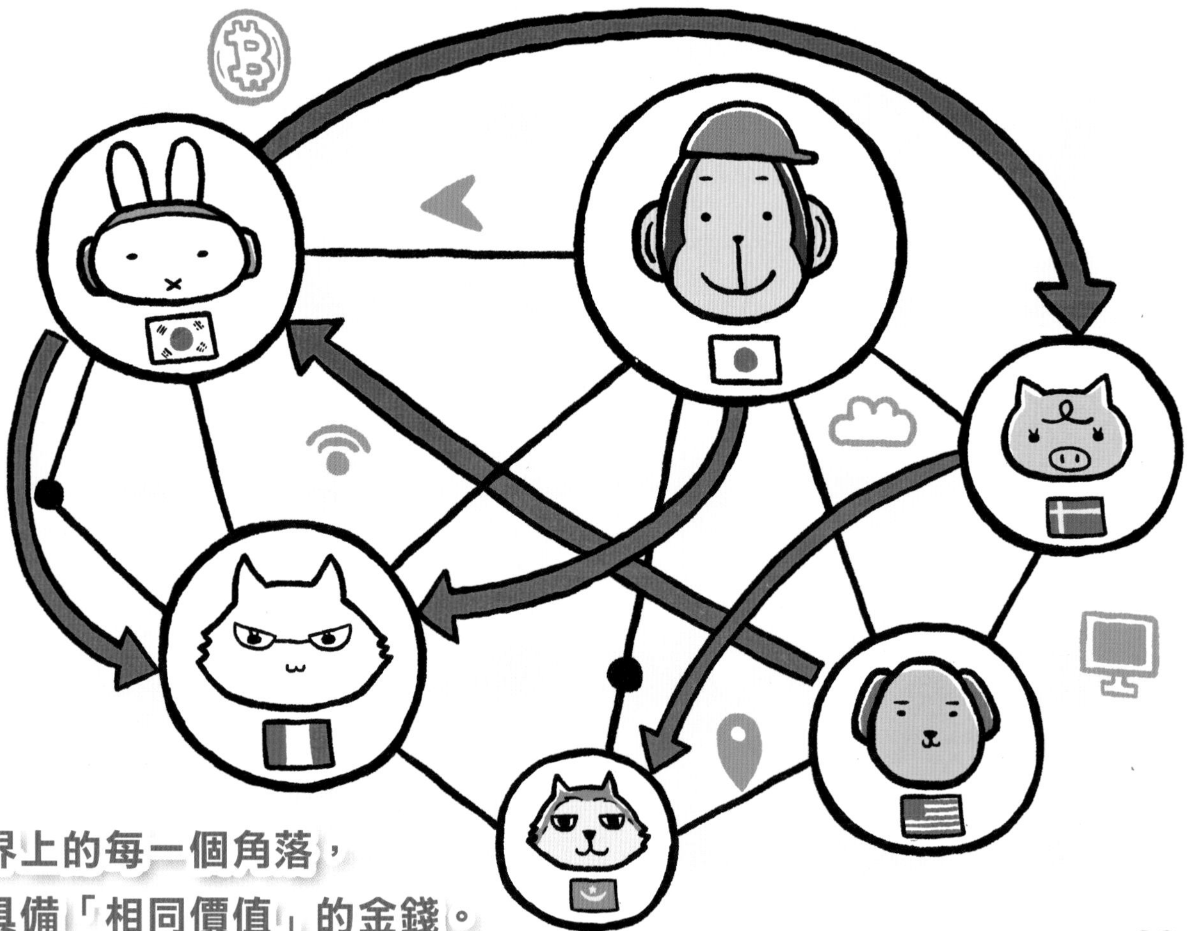

世界上的每一個角落，
都具備「相同價值」的金錢。

你聽過「加密資產」嗎？這是一種產生自網際網路，可作為金錢來使用的數據。加密資產的種類很多，其中最著名的就是「比特幣」。

加密資產不同於臺幣、日圓或美元，不管在世界上任何地方交易，都具備「相等價值」。舉例來說，當我們知道巴西有人陷入困境，想要以金錢援助對方，但是首先得把臺幣兌換成巴西的貨幣雷亞爾，還得支付手續費；這時如果持有加密資產，就可以直接匯款給對方。

加密資產不像臺幣或美元，會因為國家賦予這些貨幣信用，而隨著國家經濟狀況而變動價值。

此外，加密資產還有一種由持有者一起監視金錢動向的「區塊鏈」規則，沒有人能隨便竊取。所以即使國家經濟狀況變差、貨幣價值下跌，加密資產也絲毫不受影響，使得加密資產盛行一時。

安藤老師的重點講解♪

「UIBOLT」是什麼意思？

來做一組加密資產謎語！
「UIBOLT」這幾個字是怎麼組成的？

答案是「THANKS」。THANKS字母，都是由「UIBOLT」這幾個字母在英文字母排序裡的前一個字母組成的。只有組成共同加密暗號，並且知道這個規則的，才能共享這些金錢，所以才會稱為「加密資產」。

加密資產出現的歷史

原本是網路遊戲中使用的虛擬貨幣

加密資產問世大約10年，歷史還相當短，原本是網路遊戲內使用的虛擬貨幣，由於玩家遍布世界各地，遊戲玩家在遊戲中獲得幫助時，為了表達感謝之意，便會送給對方貨幣。就像對於販賣零食給我們的便利商店，會用金錢來交易，遊戲貨幣雖然不是真正的金錢，但是卻有類似的作用。

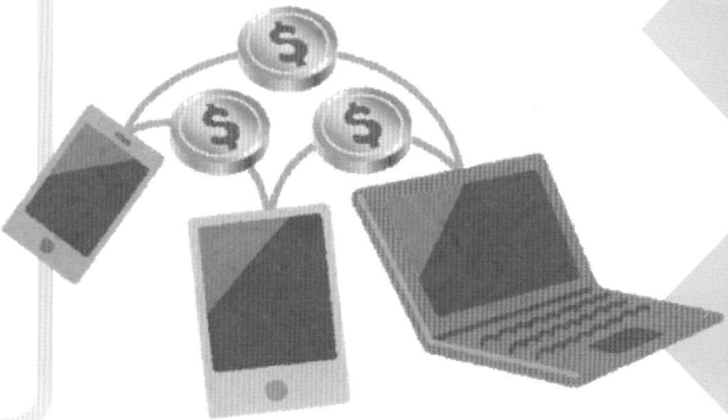

中本聰這個謎樣人物想出「虛擬貨幣」這種新的貨幣！瞬間擴散至全世界！

2008年，有一個人覺得遊戲貨幣「或許可以運用於現實社會」，於是創造了「比特幣」這種虛擬貨幣。這個人就是向來不在媒體之前露面的神祕人物——中本聰。他寫了一篇論文，提到假如全世界的人都使用比特幣，大家就可以跨越國境直接交易，許多人對這種「未來的金錢」感到心動，開始大量購買。

虛擬貨幣交易所遭駭客入侵？受害金額高達臺幣155億元！

眾所期待的比特幣在現實中的運作，並不是一直都很順利。2014年2月，比特幣最大的交易所「Mt. Gox」被駭客盜取約85萬比特幣，相當於臺幣5億元，當時在交易所中並未採用由大家共同監視的「區塊鏈」規則，管理系統意外的脆弱。2018年1月，日本Coincheck交易所又被駭客盜取了「新經幣」這種虛擬貨幣，受害金額竟然高達約580億日圓，相當於臺幣155億元！比特幣隱藏安全性的問題，現階段還不能算是安全的貨幣。

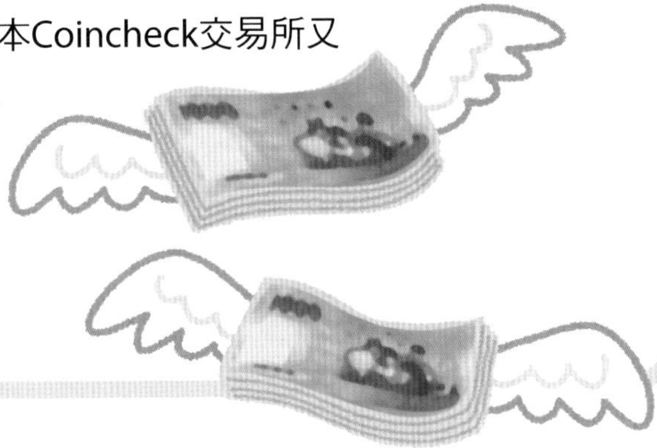

2018年更新名稱 持續進化的加密資產

可以賺錢？

加密資產並不單純因為「比國家發行的貨幣更值得信賴」這個理由而受歡迎。其實股票也是屬於加密資產，一樣可以買賣，而且有很多人都想藉此賺錢。想賺錢並不是壞事，但如果因此失敗而影響人生，那就太可惜了。無論採用什麼形式，都應該謹慎使用金錢，只要知道這個道理，你也可以成為善於理財的大人。

不是金錢，而是一種資產？

在臺灣，中央銀行與金融監督管理委員會（簡稱金管會），將「虛擬貨幣」定位為具有高度投機性的數位「虛擬商品」，而非貨幣，這點與國際上的看法一致，是一種可在網路上交易的資產，也稱「虛擬通貨」或「虛擬資產」。

古代的驚人貨幣 世界篇

以前的人用以物易物的方式，來換取想要的東西

很久很久以前，還沒有出現金錢的時代，當時如果家裡只有肉卻想要吃魚的話，就會去找有魚的人商量：「要不要跟我的肉交換？」如果對方同意，雙方就可以交換。然而，實際上也可能會遇到對方說「我不需要肉」這種無法交換的狀況。於是大家開始思考：「有什麼東西具備相同價值？」並尋找共通的交換道具。

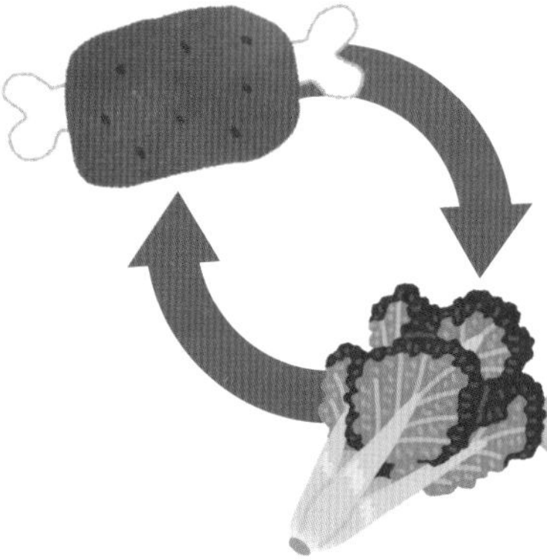

↓

在不同的國家或地區，許多物品扮演著等同於金錢的角色

中國

刀幣、布幣

除了貝殼之外，以青銅等合金製造、形狀如刀的刀幣，也是一種廣泛流通的交換工具，另外還有形狀類似鏟子等農具的布幣。

貝殼

貝殼在中國古代是很珍貴的東西。所以寶螺等貝類就成為「貝幣」這種流通的貨幣。除了中國，印度和非洲也採用過這種貨幣。

古羅馬

鹽

羅馬時代經常發生戰爭，當時士兵的薪水竟然是以鹽來支付！大家可能會覺得不可思議，不過鹽確實是人類生活中的必需品。英文中的「Salary」（薪水），語源就是來自「鹽」這個字。

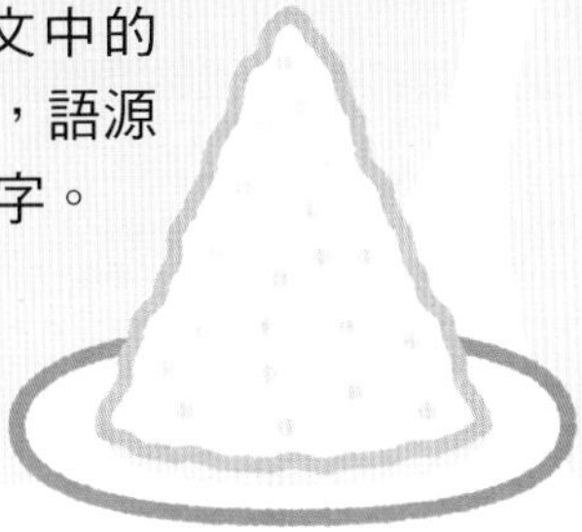

東非

牛、綿羊、山羊

在東非，飼養的牛、綿羊、山羊並不是用來當作食材，而是做為交換物品的貨幣。

密克羅尼西亞

巨石

位於大洋洲的雅浦島，有許多用石頭做的貨幣，小的30公分、最大的有3公尺。這些圓形石頭的中央開了孔，讓圓木能夠穿過其中方便搬運，石頭越大，價值越高。

為什麼以物易物可以成立呢？

竟然可以用貝殼或巨石換取自己喜歡的東西，聽起來很不可思議吧？因為這些東西具備「眾人共通的價值」，深受信賴。也就是說，大家都相信「雖然我並不想要貝殼，但只要有了貝殼，就可以用來交換蔬菜」，這跟現在我們運用貨幣是一樣的道理。

專欄

古今中外和金錢有關的名言

②

史蒂夫．賈伯斯
（西元1955～2011年）
美國企業家。蘋果公司共同創立者之一。

成為墳場中最有錢的人，對我而言並不重要。夜深人靜時，能夠自豪的說：「我們成就了不起的事」，這才是最重要的。

人死了之後是無法把錢帶進墳墓的。比起離開世界時名下有多少財產，充實的度過人生，才是更重要的事。

喬治．蕭伯納
（西元1856～1950年）
愛爾蘭文學家、劇作家、政治家。知名作品有劇作《賣花女》。

要找到一個資產比二十多歲時增加十倍的六旬老者並不難，但這些老人卻不一定能說得出「自己擁有的幸福也是十倍」。

擁有金錢，也要努力讓自己、他人、社會都變得幸福。讓我們學會累積財富時也能增加幸福的用錢方式！

第3章

銀行是什麼樣的地方？

本章可以學到這些觀念！

- 銀行的功能
- 三大業務
- 中央銀行

銀行可以為我們做什麼？只要把錢寄放在這裡，錢真的就會增加嗎？

銀行不只會
幫我們保管金錢，
還會為了「答謝」我們，
支付一些
金錢做為報酬。

你應該看過爸爸或媽媽從銀行提款機領錢吧？只要輸入數字就會有錢跑出來，真是不可思議。這些錢當然不是銀行送的，大人們只是在提領自己存入銀行裡的錢。

為什麼大人不把錢放在家裡，要特地把錢存到銀行裡呢？

一來是因為如果把錢放在家裡，很可能會遺失，或者被小偷偷走，另一方面也是看上了銀行「只要把錢存入就可以慢慢增值」的機制。

銀行對於願意把錢存進來的人，會支付「利息」做為報酬。這是因為銀行可以把我們存進來的錢再轉借給需要的人或公司，並向他們收取利息，把錢變得更多，所以才有利息付給存戶。

每間銀行提供的利息都不一樣，存錢的時候，最好事先多比較幾間銀行，再做選擇。

咩咩老師的重點講解♪

利息連1%都不到？

光是存錢就可以增加存款？銀行真是了不起的系統！以前銀行付給存戶的利息金額是存款金額的3%以上。但是這個金額漸漸減少，現在一般存款的利率不到1%，也就是如果存入1萬元，1年後銀行只會支付不到100元的報酬，大約是一個便當的錢，實在不算多，不過總金額確實是增加了……

銀行的原理

利息是銀行表達「謝謝你存錢在這裡！」的謝禮。

如同前面的說明，把錢存在銀行裡，銀行不只會替我們保管，為了表達「謝謝你存錢」的感謝之意，還會送給我們「利息」。但是利息的金額並不多，也不會增加太快。

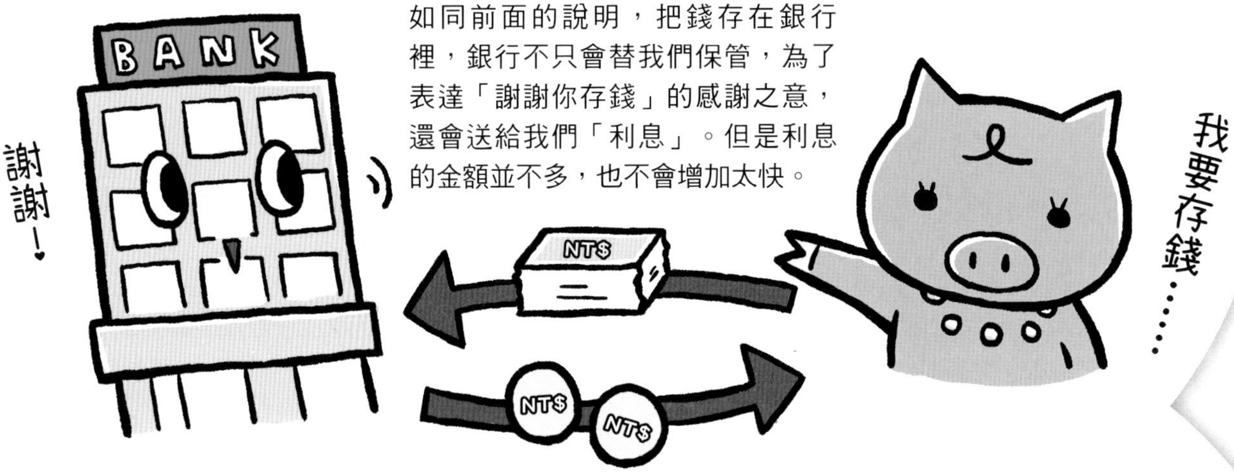

謝禮=利息

但是像這樣付給每一個存戶報酬，銀行還能經營下去嗎？
不用擔心，因為銀行借錢出去的時候可以回收「利息」。

前面說過，銀行會把大家存進來的錢借給「需要借錢的人」，比方說要買房子或買車子等需要大筆金額的人。 向銀行借錢的人為了答謝銀行，就會支付銀行一些金錢，這些答謝的金錢，就是「利息」。

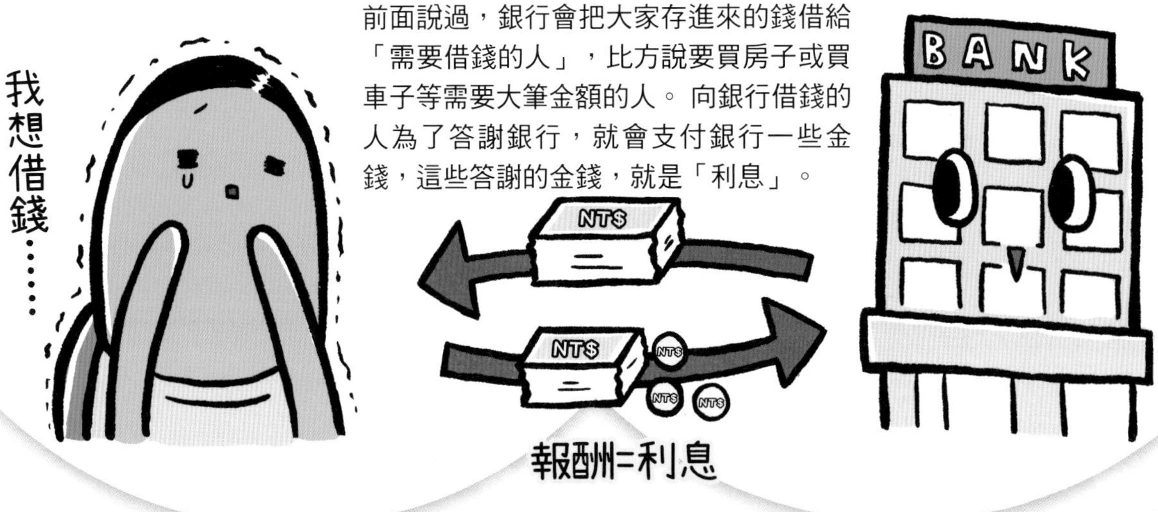

報酬=利息

利息和利率的祕密

比起給存款人的利息，銀行從貸款人收到的利息更多。

其實這就是銀行不會倒閉的最重要原因。每間銀行的利息和利率都不一樣，但是基本上一定是收取的錢比支付的錢多。銀行從借錢的人手中收取了利息之後，就算支付了給存戶的報酬，還可以有營餘，這就是銀行可以順利運作的機制。

只有銀行賺錢，不會太不公平嗎？

正因為有這些差額，才能付給員工薪水。

知道這種機制後，可能有人會覺得銀行是依賴跟大家收錢而致富，很不公平。但是銀行也不光是藉此就能輕鬆賺錢，這些賺到的金錢，還要支付給在銀行工作、負責管理金錢的員工薪水。事實上，不只是銀行，每間公司賺到的錢都要支付員工薪水，向為公司辛勤工作的人表達感謝之意，這樣經濟才會因此不斷循環。

「存款」、「貸款」、「匯款」是銀行的主要業務。人們儲存在銀行的金錢，帶動經濟的循環。

除了存款之外，帳戶之間的金錢交易
也是只有銀行才能辦到的重要工作。

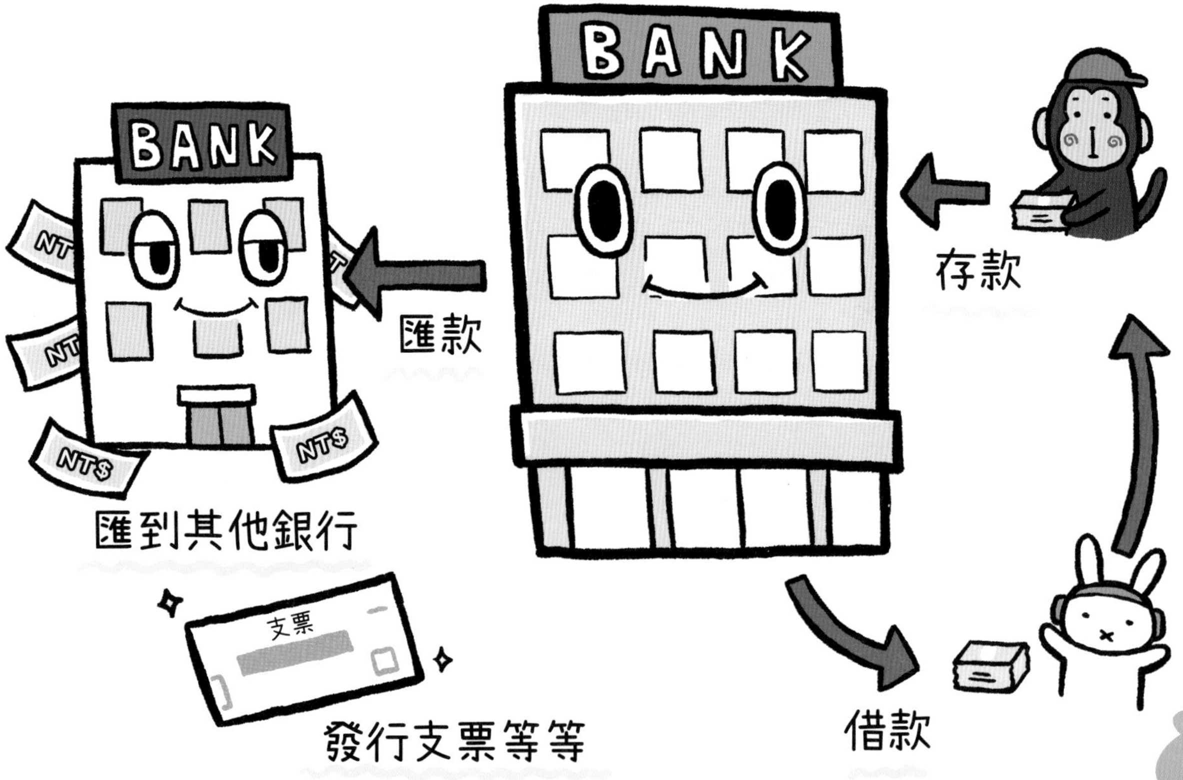

我們在前面學過，銀行具備接收大家寄存金錢的「存款」功能，以及把錢借給有需要之人的「貸款」功能。

其實，銀行還有一項很重要的工作，那就是「匯款」，而且在我們的日常生活中，經常運用到這個功能。

當我們有了工作之後，薪水就會匯入我們的帳戶裡；假如用信用卡購物，付款的金額就會從帳戶裡扣除；像這樣透過銀行把錢匯入某個帳戶，或者從帳戶中扣款的流程，就叫做「匯款」。

如果沒有機構幫我們進行「匯款」工作，生活將會相當不方便！而這可是只有銀行才能辦到的重要工作哦！

所以「存款」、「貸款」、「匯款」，就是銀行三大主要業務。

小佳老師的重點講解♪

除了銀行之外，還有許多金融機構

最近很流行只在網路上交易金錢的「網路銀行」。在臺灣，除了銀行外，還有信用合作社、農漁會信用部等，提供與銀行類似的功能。此外，勞動部勞工保險局亦保障勞工民眾，提供各項補給津貼，以及紓困貸款服務，雖非金融機構，但也對勞工提供了一定的生活保障。

「中央銀行」是唯一可以發行貨幣的銀行，同時具備調整利率的任務。

利率是指回報給存戶的報酬比例，通常會用%（百分比）來顯示。

銀行雖然有很多間，但是能夠印製鈔票的，只有中央銀行這一個機構。世界上每個國家最主要的銀行，都稱為「中央銀行」。

臺灣的中央銀行是交由其管理的中央印製廠來印製「鈔票」，加以發行。

負責印製鈔票的印製廠必須按照規定的數量進行印製，不能隨意更動印製數量。因為要是印了太多鈔票，會導致經濟狀況混亂，當然印製太少也不行。

為了避免流通的鈔票過多或過少，中央銀行必須隨時監測國家金錢流向的變化，然後因應需要調整印製的數量，讓國家的經濟藉此可以在取得平衡的狀態下順利循環，物價也會受此影響而改變。

因此，中央銀行可是具備了非常重要的功能哦！

青青老師的重點講解♪

為了做出正確判斷，獨立於政府機構之外

中央銀行雖然是國家所成立的機構，但是下決策的權限卻是獨立於政府組織之外。假如國家經濟狀況不佳，高層政治家要求「總之多印一點鈔票」這可能不是最好的方法，因為如果印得太多，就會導致通貨膨脹。因此為了避免政府高層干涉國家的金錢流向，強迫中央銀行做出錯誤決定，必須將中央銀行獨立於政府機構之外，才能做出最適當的判斷。

專欄

古今中外和金錢有關的名言 ③

戴夫・拉姆齊
（西元1960年～）
美國個人理財名人，廣播節目主持人，作家和商人。著有《紐約時報》的暢銷書《總的金錢改頭換面》等。

預算是告訴你的錢該去哪裡，而不用去想錢去哪裡。

雖然沒錢很不方便，但也不能讓金錢成為人生的全部，重要的是運用金錢的方式。

金錢好比糞肥，要撒在大地上才有用處。

法蘭西斯・培根
（西元1561～1626年）
英國哲學家、神學家、政治家、貴族。曾經留下名言——「知識就是力量」。

「糞肥」是一種肥料。錢不應該緊捏在手裡，而是要把錢當作肥料，做妥善的運用！

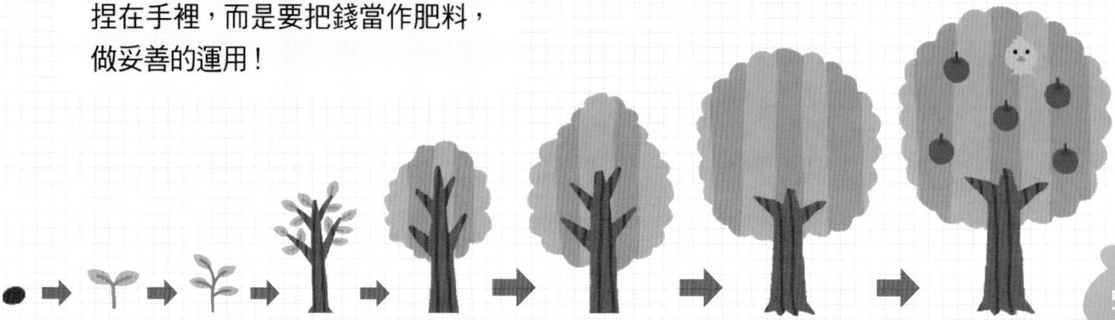

第4章

投資可以把錢變多？

本章可以學到這些觀念！

- 投資和儲蓄
- 思考公司與未來
- 股份公司和股票
- 群眾募資

「培育」金錢，
就是「投資」。

除了儲蓄金錢之外，
讓金錢「替我們工作」也很重要！

除了靠工作換取金錢之外，還有其他賺錢的方法哦！那就是「投資」，讓金錢來「替我們賺錢」。所謂投資，是指出錢購買某間公司的股份等，並從中獲取產生的利潤，做為賺錢的方式。

有些人總覺得「多存一點錢比較安心」，所以光顧著儲蓄，完全不投資，卻忽略儲蓄也是有風險的。

錢原封不動的放著，雖然金額不會改變，但是可能會因為通貨膨脹而使得價值下跌，這就是所謂的「什麼都不做的風險」。如果覺得投資「聽起來好難」或是「好像很累」而就此放棄，那也未免太可惜了。

利用金錢來增加金錢，對未來也有好處，讓我們從小就養成多方面思考各種運用金錢的習慣吧！

安藤老師的重點講解♪

投資與儲蓄的不同

儲蓄是指把錢存在銀行或存錢筒裡。存在銀行裡的錢會有利息，但最主要的目的還是為了「保管」金錢。相較之下，投資的目的在於「增加」金錢。原本擁有的錢稱為「本金」，投資可能會讓本金變少，有一定的「風險」，所以投資之前一定要好好學習，了解自己投資的對象和方式。

投資
增加金錢

儲蓄
保管金錢

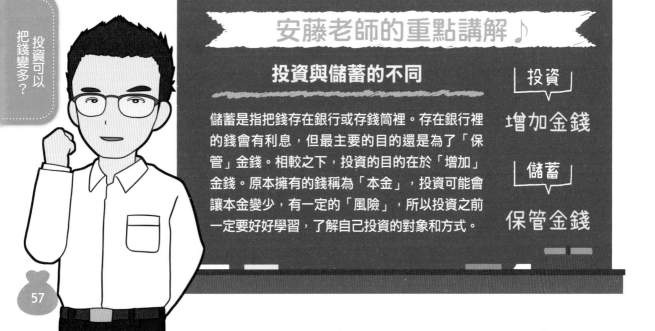

投資等於「支持一間公司」。

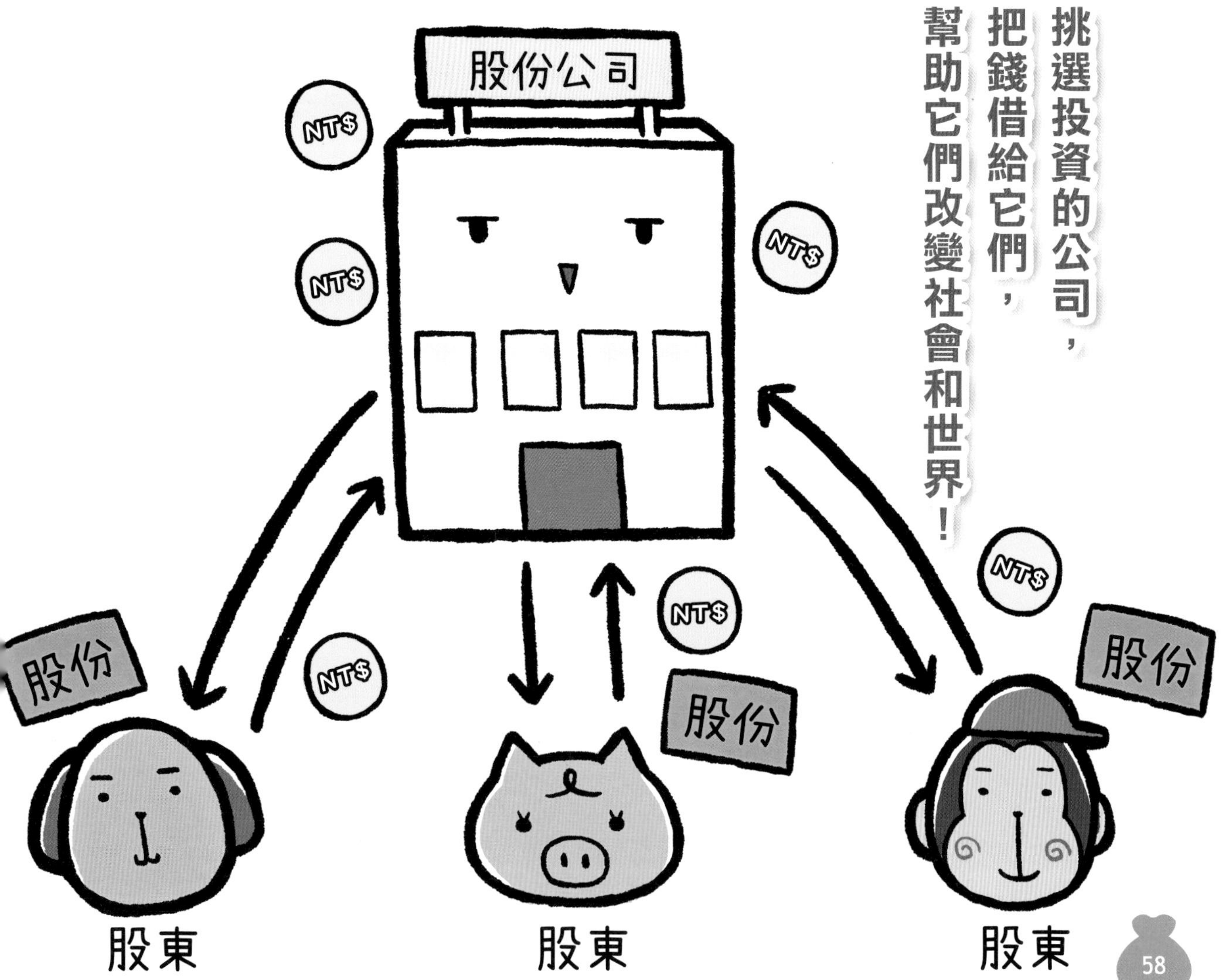
挑選投資的公司，
把錢借給它們，
幫助它們改變社會和世界！
股份公司
NT$
NT$
NT$
NT$
NT$
NT$
股份
股份
股份
股東
股東
股東

挑選投資公司的祕訣，就是選擇自己真心想支持的公司。投資一間公司，表示自己想要支持這間公司；收到你投資的資金之後，公司會更努力的工作。

建議大家可以先挑選自己熟悉的公司，例如你喜歡冰淇淋，就可以先調查製造冰淇淋的公司，如果某間公司讓你覺得「我喜歡它們的產品」、「希望它們可以好好經營」，就可以試著投資這間公司。

或是看到一些店家，忍不住好奇「它們現在賣哪些商品？」進而開始研究調查，也可以作為投資對象。支持一間公司，首先要好好關注這間公司。

假如只是從金錢角度來看，因為「這間公司很賺錢」才進行投資，那就不符合想要支持一間公司的出發點了。公司網頁上通常會記載經營方針等，可以幫助我們了解一間公司的經營目的。

青青老師的重點講解♪

投資給「我們的世界需要的公司」

假設有兩間製造汽車的公司：一間公司的產品重視效率、會排放許多廢氣；另一間公司規模雖小，但是相當重視廢氣排放和環境汙染問題。你會支持哪一間公司呢？誰也不知道將來哪一間公司會發展得比較大，正因為如此，我們要抱持著「這才是好的做法」、「我完全認同公司的方針」的心態，投資給自己支持的公司。

我們投資的「股票」是由「股份公司」發行的。

為大家說明股票的機制與股價變動的原因！

一般人最熟悉的投資方法就是買「股票」，也就是買賣股份公司發行的「股份」（股票）。所謂股份公司，是指利用股東投資的金錢而建立的公司。公司藉由賣股票來籌措資金，買股票的人就是「股東」，股東是公司的投資人，每年會召開一次「股東大會」，讓股東齊聚一堂，在這個時候選出公司的董事。

買賣股票的地方稱為「股市」，股票的價格（股價）就像蔬菜和肉一樣，每日都會改變。看到賺錢的公司，就會有很多人覺得「我想要這間公司的股票」，於是，這間公司的股價就會上漲，這是一種供需關係。

當這間公司經營順利而獲利之後，就會把錢（股利）分配給當初出資的人。如果能吸引更多人一起出錢投資，就能募集到更多的錢，拓展成一間大公司，擁有足夠的資金，繼續從事更多的挑戰。

萬里老師的重點講解♪

股東可以享受各種福利

股東福利是指公司除了股利以外，贈送給股東的「股東會紀念品」。大部分贈送的都是該公司的產品、服務券或折扣券，也有些公司可能會提供市面上難以取得的股東限定商品，或者舉辦股東才能參加的活動等。根據持有的股數，福利的內容或數量也可能不同，挑選公司真是讓人興奮的過程呢！

我們可以投資什麼？

投資的工具

投資的形式可是非常多元的，在這裡僅介紹幾個代表性的例子！

1 股票

第一種方法是購買60頁和61頁所說明的股票。每一間公司發行的股票都有所謂的「單位股票」，也就是購買該股票的最低數字，臺灣一般買賣股票的單位是1張，1張等於1,000股。也就是以1,000股為單位來進行交易。所以如果我們以股價10元，購買了一張股票，那麼就必須付10元臺幣×1,000股=1萬元，以1萬元臺幣為單位購買一張股票。

2 投資信託

投資信託是指把錢交給「投資專家」，代替自己從事投資的方法。好處是少額就可以進行投資。投資人將錢寄放在「基金經理人」手中，由基金經理人來運用金錢，再將獲得的利益分配給投資人，但是投資專家也不見得能獲利，所以並不保證一定可以賺錢。

試試看

和爸爸媽媽一起討論後，開始嘗試投資吧！

Junior NISA（未成年者小額投資免稅制度）

在日本，0歲到19歲的未成年人，皆可利用「Junior NISA帳戶」這種投資制度。投資期間到2023年為止，一年投資金額最多80萬日圓，在NISA帳戶內所獲得的收益不須課徵稅金，享有免稅優惠，免稅期間最長5年。臺灣目前並無這樣的制度，但年滿7歲子女可在父母陪伴下開戶，現在開始與父母逐步討論投資議題吧！

基金

目前臺灣約有2000多種基金商品，投資標的包括股票、債券、短期票券等相關產品，主要由證券投資信託公司發行，透過銀行或證券公司銷售。建議先研究各基金的投資標的與風險後，再選擇投資的基金商品。

零股交易

一般股票是「一張」為單位，等於1,000股，「零股交易」則是可以以1股為單位來購買，便利社會大眾有更彈性的方式參與臺股交易。

還有這個！

投資模擬遊戲

現在有很多遊戲或應用程式，是運用虛擬金錢體驗如何以實際股價進行股票交易。在這樣的模擬遊戲中，可以學習股票投資實務。在實際投資之前，是一種可以當作熱身的體驗！

3 國債（公債）

債券是「我跟你借了錢」的證明書，購買國債就是「把錢借給國家」。國債也分成許多種類哦！在臺灣，國債也是一種投資方式，分為中央政府發行的「公債」，與地方政府發行的「地方債」，但是投資報酬很低，因此一般民眾投資國債的比率較低。

國債的種類

可以大致分為兩種！

零息國債	這類債券，沒有支付利息，卻可以用低於票面金額的價格折價買到，這中間的差價就是可以賺到的利潤。
附息國債	這類債券，有分固定利息債、浮動利息債。依利率定期支付利息。

童話〈稻草富翁〉中，主人翁致富的祕密！

稻草富翁

很久以前，有一個貧窮的男人。他每天都很認真工作，但經濟狀況還是沒有好轉，於是他向觀音菩薩祈求。觀音菩薩聽了之後，對他說：「你出去旅行一趟吧！記住，要好好珍惜旅途中第一個接觸到的東西。」

男人走出觀音寺時，被石頭絆倒了。這時他的手剛好碰觸到一根稻草。男人依照菩薩的指示，小心的帶著這根稻草上路，走著走著，有一隻大牛虻在他臉旁飛來飛去，男人覺得煩了，就把牛虻栓在稻草的一端，繼續往前走。

接著，男人遇到一個大聲哭泣的男孩。這個男孩看到男人身邊飛來飛去的牛虻，覺得很有趣，就停止了哭泣，吵著想要牛虻。男人本來不打算給他，不過男孩的媽媽說：「我用橘子跟你交換吧！」男人便答應收下橘子，把牛虻讓給男孩。

男人繼續往前走，接著遇到了一個坐在路邊的商人。這個商人因為口渴

這個男人在旅途中與遇到的人持續交換東西，他沒有緊守著自己手上的東西不放，且願意接受人們交換物品的請求，所以才能獲得成功。

難耐，對男人提出請求，希望拿自己的高級布料跟男人交換橘子。

取得高級布料的男人繼續往前走，接著遇見了一名武士和一匹倒地不起的馬。武士說：「這匹馬突然病倒，但是我急著趕路，只得把馬留在這裡。」男人用手上的布料與武士交換了馬。

男人給馬喝了很多水，休息一陣子之後，馬漸漸恢復健康。於是，男人騎著馬，繼續他的旅程。

走著走著，男人來到了一棟大宅邸的前方。宅邸的主人剛好打算外出旅行，便拜託男人留下來看守房子。主人請求男人將馬借給他，並且交代自己三年之內不會回家，這段時間就把房子讓給男人使用。男人答應之後，主人便騎著馬外出了。

然而三年後，主人並沒有回來。到了第五年，主人依然沒有回來，男人便接收了豪宅，過著富裕的生活。

這名男人藉由手上的一根稻草，竟變成住在大宅邸的大富翁，大家都稱這名男人為「稻草富翁」。

換來的馬有可能病死，要是馬死了，交換的布料就浪費了。不過如果馬能康復，就能夠替自己工作。敢於承擔這種風險，就是男人致富的關鍵！

不希望錢變少！
有沒有不虧損的方法？

常聽人說：「金錢是經濟的血液」，金錢的流動對經濟相當重要。股價的漲跌當然重要，不過，投資的目的是「支持一間公司」，如果光想著「賺錢了」或「賠錢了」這些當下的得失，就太可惜了。

投資時不該因為價格的起伏而患得患失，「以長期眼光看待」才是投資的祕訣。從現在開始努力培養自己的投資眼光，未來才能發掘有成長潛力的好公司！

還有，你知道所謂的「群眾募資」是什麼嗎？這是一種透過網路展示宣傳計畫，向大眾募集資金，以實踐個人或特定團體想法的籌措資金方式，包括捐贈購買的「非投資型」，以及「投資型」兩種，都是願意支持發起人創意的出資贊助。

群眾募資的目的跟投資一樣，都是希望自己支持的公司能對其他人或社會有所貢獻，然後獲得這些事業創造的利潤，目的並不只在於為了增加財富。

咩咩老師的重點講解♪

最好的投資就是「學習」和「工作」

投資的方法有很多，但是對我們來說，最好的投資就是現在「好好學習」，將來長大成人之後「好好工作」。投資並不是「讓金錢幫自己工作，自己就可以每天吃喝玩樂」，而是認真研究、學習公司和社會的動向，了解金錢的用法，培養工作賺錢的能力等。像這樣充實自己的能力，才是對自己最好的「投資」。

專欄

古今中外和金錢有關的名言 ④

約瑟夫·墨菲
（西元1898～1981年）
愛爾蘭裔宗教家、作家。「墨菲定律」就是以他的名字命名。

金錢是肉眼看不見的富足，以肉眼可見的形式出現。

金錢在屬於自己之前，需要經過一段「歷程」。讓我們一起來思考，什麼是「肉眼看不見的富足」！

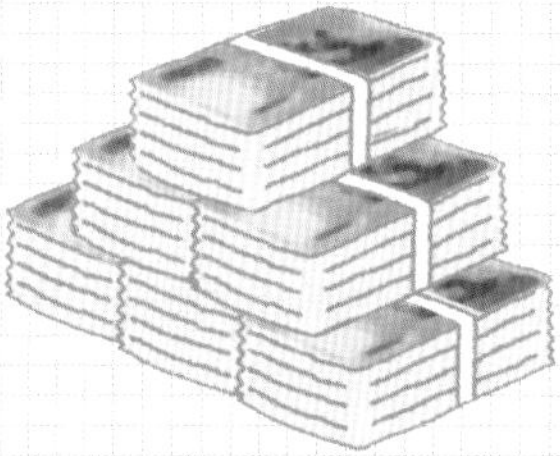

猶太的教誨

人人都應該將錢分成三等分。三分之一用於土地投資；三分之一用於買賣投資；剩下的三分之一用於儲蓄。

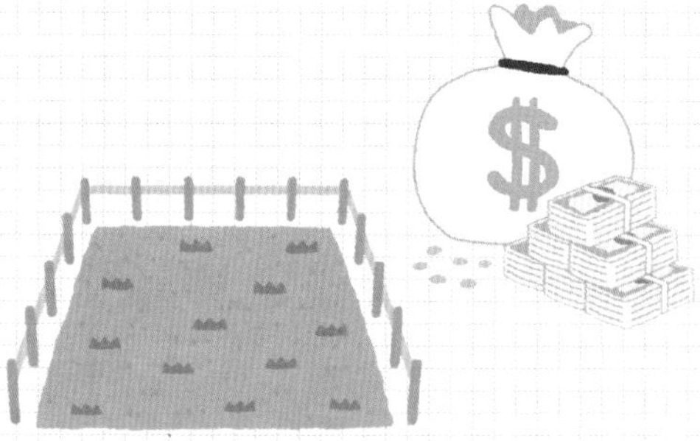

猶太是以前以色列王國的所在地。自古以來就有將金錢依照目的區分使用的觀念。

第5章

什麼是稅金和社會保障？

本章可以學到這些觀念！

- 稅金
- 稅金的用法
- 消費稅
- 社會保障
- 年金

想打造良好生活條件的社會，稅金是其中最重要的金錢來源！

在我們的周遭，有很多東西是用稅金購買和建造的。

大家在學校用的教具，還有體育課用的運動器材等，都是用稅金購買的哦！稅金的來源是大家的爸爸媽媽從工作領到的薪水中，各自交出一小部分，匯集起來的金錢。這些金錢會用於建設我們的城市，讓它具有更完善的生活條件。

我們的馬路、紅綠燈，都是用稅金建造的；對傷患或病患進行緊急救助的救護車，火災時救人的消防車，也都靠稅金維持運作。

聽到工作換取的薪水要被拿走一部分，可能有人感到不樂意，但如果沒有稅金，社會可是會陷入大混亂。沒有抓小偷的警察，沒有學校，馬路也變得凹凸不平……誰會想住在這樣的環境中呢？

稅金是大家的錢，所以我們都要好好愛惜用稅金購買和建造的東西。

咩咩老師的重點講解♪

沒有稅金會怎麼樣？

警察和消防人員、區公所的職員等，這些為了社會努力工作的人，他們的薪水也都是由稅金支付的。假如沒有稅金，大家現在理所當然享有的服務，將需要額外花錢才能取得。大家走在馬路上要另外花錢，還有請警察幫忙、使用學校設備，甚至連過馬路都需要額外付錢。所以與其想著「不想繳」稅金，不如多加思考，稅金都運用在什麼地方。

都要歸功於稅金！

公立學校的經營是靠稅金維持的。我們能每天上學念書都是拜稅金所賜。稅金是國民繳納的寶貴金錢，所以我們要好好愛惜運用稅金購買的東西。

找一找，運用於學校的稅金！

仔細想一想，平時在學校裡用的東西，都是誰買的呢？

我們每天去的學校也是用稅金建造的

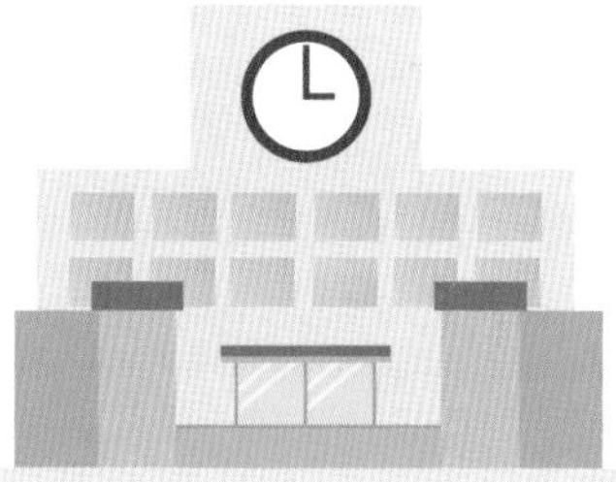

每天理所當然的上學，而那麼大的校舍是誰建造的呢？這些當然不是免費的。這是來自大家的爸爸媽媽從工作賺來的錢中，抽出一部分繳納的稅金。這些稅金會運用於城市的建設，所以才有錢建造學校。其他像是校園中的體育館、泳池、圖書館，也都是靠大家的稅金興建的哦！

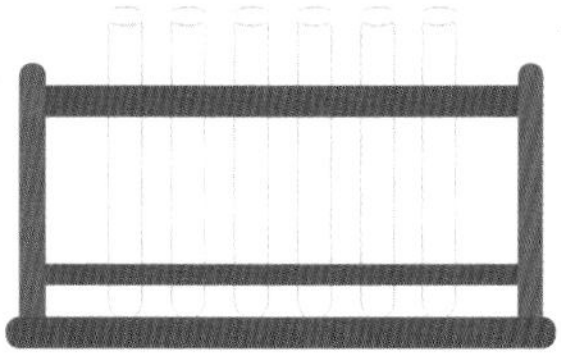

教具也不是免費的

老師在上課時使用的教具當然也不是免費的，一樣是用稅金購買的。有了教具，老師才能做出更明確的講解，讓課程更容易理解。

自然課的實驗道具

自然教室裡有很多實驗設備，這些實驗道具全都是用稅金買的。我們可以在自然課時開心的做實驗，都是多虧了稅金。

黑板和板擦

教室裡每天使用的黑板和板擦，也是用稅金買的，要好好愛惜使用。

我們的城市能夠運作，

找一找，運用於城市的稅金！

城市裡的每個角落都是用稅金所建造，或者運用稅金所購買。讓我們邊走邊看，想想哪些東西是靠稅金得到的，說不定會有很多新發現哦！

稅金是國民繳納的寶貴財源。
不管是用稅金建造或採購的東西，
我們都要好好愛惜使用！

警察的薪水

保護城市安全的警察，他們的薪水就來自稅金。警察開的巡邏車，還有警察的制服等，也都是運用大家繳交的稅金買的。

圖書館的維持費

你應該常常去圖書館吧？圖書館裡有好多書，可以讓我們愉快的學習。圖書館的設備和大量的書籍，都是用稅金購買的，要好好的利用哦！

救護車和消防車

救護車和消防車的維護費用都是來自稅金。如果沒有稅金，我們就會生活在一個沒有救護車和消防車的城市，太可怕了，真是難以想像！

馬路

馬路也是用稅金鋪設的。沒有馬路，就哪裡也去不了，真不想住在這樣的地方。

垃圾回收

每周垃圾車和回收車都會來我們住的地方好幾趟，這些也都要靠稅金維持。如果沒有人來收垃圾，大街小巷就會充滿垃圾。

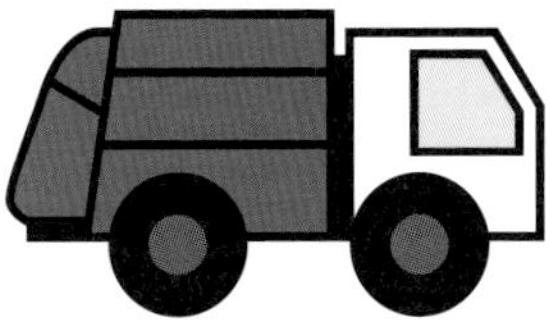

一個國家的租稅，是相當龐雜的！

依財政收支畫分法的規定，
可分為國稅和地方稅兩大類。

稅金

地方政府可支用的稅收。由各直轄市及縣（市）地方政府所屬的稅捐機關負責稽徵

中央政府可支用的稅收。由財政部所屬各地區國稅局負責稽徵

	地方稅	國稅
直接稅	地價稅 田賦 土地增值稅 房屋稅 契稅	所得稅 遺產稅及贈與稅 證券交易稅 期貨交易稅
間接稅	使用牌照稅 娛樂稅 印花稅	關稅 貨物稅 營業稅 菸酒稅 特種貨物及勞務稅

※臺灣為統計方便將使用牌照稅視為間接稅，實質上，營業用的使用牌照稅為間接稅，非營業用的則為直接稅。

這些徵收到的稅金，
讓我們的生活有更好的品質！

仔細思考每一種稅金的意義！

什麼是國稅？什麼是地方稅？什麼是直接稅？什麼是間接稅？

稅金大致可以分為由國家機關所徵收的「國稅」，以及地方政府所徵收的「地方稅」兩種。兩種稅金還可以再分為「直接稅」和「間接稅」。「直接稅」是支付稅金的人直接繳付的稅金；「間接稅」是指繳納稅金者與負擔稅金者不是同一人的稅金。

爸爸開著新買的車，要帶全家去吃爆米花、看電影嘍！這時候需要交幾種稅？

買車時

使用牌照稅

↓

地方稅

直接稅

買電影票

娛樂稅

↓

地方稅

間接稅

電影院最終有賺錢時，要向政府繳納所得稅 → 國稅、直接稅。

買爆米花和飲料

有營業稅，會拿到統一發票

↓

國稅

間接稅

重要稅金的使用，需透過選舉交給國民來決定！

民意代表是由大家票選出來的代表。稅金的用法就是由民意代表們一起討論決定的。

在臺灣，徵收後的稅金是由立法院的委員共同討論決定國家中央總稅金預算，各地方則是由議員審議地方預算。

中華民國憲法第63條：「立法院有議決預算案之權」，立法委員和議員可以說是肩負著國民意念，經由國民投票選舉出來的民意代表，所以選舉這個儀式是十分重要的。

現在還是小孩的你，雖然沒有投票權，要等到一定的年齡後才享有投票權，參與選舉。我們可以從小開始觀摩學習，例如決定稅金用途的國會審議會，會透過電視和網際網路轉播，看看這些轉播，了解民意代表們是怎麼決定稅金用途的。

仔細關心寶貴的稅金是否被有效運用在該用的地方，是身為國民的義務。

萬里老師的重點講解♪

稅金通常用於什麼地方？

稅金的用法是由立法委員和議員代表國民決定的，大家一定很關心，這些稅金實際上是怎麼運用的吧？稅金運用最多的領域就是社會保障，社會保障的目的在於確保所有國民可以安心擁有健康生活。當我們生病或受傷時所需要的醫療費，還有為了確保高齡者和殘障人士安心生活，都會需要這些錢。

小孩也要繳納稅金嗎？

小孩在買東西時，也需要繳納消費稅哦！

有選舉權的大人透過選舉選出中央或地方民意代表，將自己的想法託付到這些民意代表身上，間接決定稅金的用法。沒有選舉權的小孩，無法票選民意代表，也無法決定稅金的使用方法。不過，小孩也要繳納稅金哦！那就是消費稅。

消費稅是購買東西時自動加在商品價格內的稅金，為了建設一個更好的國家，消費稅非常重要。

小孩沒有投票權，無法決定稅金的用法，竟然還要繳交稅金？可能有人覺得這件事不合理。

即使現在你還無法為自己的意見發聲，但只要年齡一到，就可以行使選舉權。為了到時能做出正確的選擇，現在是很重要的學習階段。

就讓我們從現在起多加學習，期許自己將來成為一個能夠思考稅金正確用法的大人。

各國的消費稅（加值稅）率

國名	消費稅（加值稅）率	國名	消費稅（加值稅）率
丹麥	25%	法國	20%
瑞典	25%	奧地利	20%
挪威	25%	英國	20%
義大利	22%	日本	10%
荷蘭	21%	臺灣	5%

※2019年10月資料。臺灣的加值型營業稅（型態類似他國的消費稅）為5%，為全世界最低，但也有許多待探討和調整的空間。

世界驚人稅金大集合

世界上竟然有這些稅金！

驚人稅金之1 鬍子稅

俄羅斯

俄羅斯的彼得大帝在歐洲巡遊時發現「在歐洲先進國家，男人刮鬍子是一種常識」。但是當時的俄羅斯，蓄鬍是男子氣概的象徵。彼得大帝在結束歐洲的巡遊回到俄羅斯後，為了仿效歐洲先進國家鼓勵刮鬍子，決定對鬍子課徵稅金。如果留鬍子卻沒有繳交鬍子稅，警察就會強制性的刮掉這個人的鬍子，聽起來真有點無辜。

驚人稅金之2 窗戶稅

英國

這是英國實際存在過的稅金制度。在國王威廉三世統治英國的時候，製作窗戶的玻璃相當昂貴，所以政府認為「可以住在有大片窗戶房子裡的人一定很有錢」，並基於這個想法課收窗戶稅。當時甚至有人為了不想繳納窗戶稅而將窗戶封死呢！

驚人稅金之3 塞車稅

英國

這是在塞車問題日益嚴重的英國首都倫敦所課收的稅金，直到現在還有這種稅金，規定在倫敦市內的特定時間、地點通行時，就要課稅。不過如果是電動車、油電混合車等排放廢氣少、對環境友善的車，就可以享有免稅；是一種考量到地球環境的課稅方式。實施這種稅法之後，倫敦市內的塞車狀態也大為緩解。

驚人稅金之4 狗稅

德國

在德國養狗的主人必須依照飼養狗的數量繳稅。繳了狗稅之後，就可以領到狗牌，飼主有義務將狗牌掛在狗的項圈上。狗稅的優點是萬一愛犬走失時，因為掛了狗牌，較容易把狗找回，歸還給飼主，狗稅所課徵的稅金用於清潔狗糞弄髒的街道。在歐洲，除了德國之外，還有不少國家都實施了狗稅制度。

※資料為編輯部自行調查。

驚人稅金之5 單身稅

保加利亞

保加利亞曾經課徵單身稅，現在雖然已經廢止，但過去確實實施過。那就是對單身的人課徵收入5～10%的稅金。當時保加利亞少子化問題相當嚴重，政府為了解決這個問題祭出了這個方法，結果不僅無法收到成效，還引起國民強烈不滿，後來就廢止了。

驚人稅金之6 脂肪稅

丹麥

丹麥曾經有一段時期課徵過脂肪稅。凡是含奶油或乳酪等2.3%以上飽和脂肪酸的食品，都要徵收這種稅金，一般稱之為奶油稅。不過後來由於糧食費用高漲，引發國民不滿，大約一年就廢止了。

驚人稅金之7 膽小稅

英國

很久很久以前，英國實際徵收過這種稅。這是針對不替國王作戰的人所課徵的稅金。剛開始實施時，稅金並不高，但是後續三百年的時光，稅金的額度提高了。規定中還擴大解釋了「膽小」的意思，並定義為「一年沒有作戰的士兵」，以現在的眼光來看，還真是一種荒謬的稅金呢！

安藤老師
聽說曾經
有國家訂立了
對家畜放屁徵稅
的計畫，不過這項
計畫沒有實現
就是了。

我去醫院看病付的費用，和媽媽看病付的不一樣！

這是因為社會保險制度
有「免部分負擔」
的規範啊！
櫃檯
咳
咳
咳
咳
我的費用和媽媽
的比起來，
我比較便宜！

不管怎麼小心，人總是難免會生病或受傷；另外，上了年紀的人大部分都無法工作賺錢。這時候國家為了保護所有國民，讓國民能夠維持最低限度的健康生活，就有互助合作的社會保障制度。

社會保障一般來說分為四種，第一種是「社會保險」，當我們生病、受傷、失業，還有上了年紀無法繼續工作時，能夠互相幫助的系統，例如醫療保險、就業保險、年金保險等都屬於社會保險。

另一種是「公共扶助」，公共扶助系統的目的，在於幫助因為某些苦衷導致收入較少的人，例如生活扶助、教育扶助、住宅扶助等都屬於此類。

第三種是「社會福利」，為了幫助高齡者、障礙者等難以自立維生的人。

最後一種是「公共衛生」，包含了清理上下水道等，為了讓大家擁有清潔衛生的生活，而整頓城市衛生狀況的公共服務。

社會保障 一共四種哦！

社會保險	公共扶助	社會福利	公共衛生
事先支付保費後，可以視需要獲得給付的制度。	對生活有困難的人，提供最低限度的生活保障。	保障高齡者或孤兒生活的制度。	提供預防接種，針對淹水住宅進行消毒作業等公共服務。
醫療保險 就業保險 年金保險 等等	生活扶助 教育扶助 住宅扶助 等等	老人福利 婦女福利 兒童福利 等等	傳染病防治 下水道工程 垃圾處理 預防接種 等等

所謂年金制度，
就是由年輕人出馬，來幫助過去
支持國家經濟的爺爺奶奶們！

年金制度不只可以讓我們上了年紀後領取生活費，
還能在遇到困難時獲得許多幫助，是很重要的制度哦！

社會保障制度的意義，在於困難時可以彼此提供幫助、獲得幫助。年金制度的概念也一樣，高齡者在過去支撐著國家的經濟發展，等他們上了年紀，就輪到在工作崗位上衝刺的年輕人來幫助他們了！

在臺灣，國民年金制度是於民國97年開辦的社會保險制度，主要納保對象是25歲至65歲，提供上了年紀之後可以領取給付的「老年年金」、符合資格的身心障礙者可以請領的「身心障礙年金」、加保的人過世之後，留下遺屬可以領取的「遺屬年金」三大年金給付保障，此外還有「生育給付」、「喪葬給付」兩種一次性給付保障。

現在的高齡者在年輕時也都繳付了年金，幫助了當時的高齡者。因此不能以個人立場出發的想法，來計較社會保障制度到底「划不划算」，這樣目光就太短淺嘍！

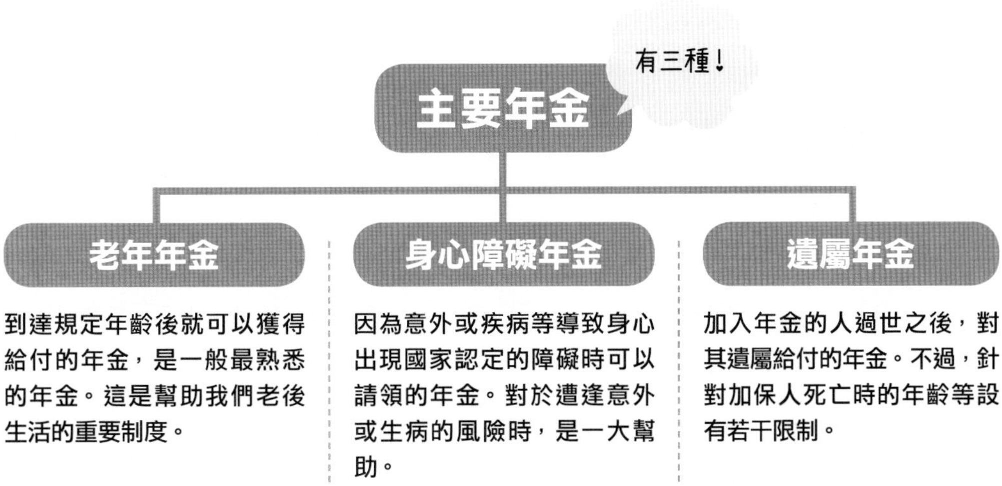
有三種！
主要年金
老年年金
到達規定年齡後就可以獲得給付的年金，是一般最熟悉的年金。這是幫助我們老後生活的重要制度。
身心障礙年金
因為意外或疾病等導致身心出現國家認定的障礙時可以請領的年金。對於遭逢意外或生病的風險時，是一大幫助。
遺屬年金
加入年金的人過世之後，對其遺屬給付的年金。不過，針對加保人死亡時的年齡等設有若干限制。

實踐篇

零用錢大作戰！

有計畫的做好金錢規畫，就從管理零用錢開始學習！

我們年紀還小，可以自由運用支配的金錢，應該就是零用錢了。每個家庭零用錢的金額都不一樣，不過，就算每個月只有2百元的零用錢，你是有計畫的運用，還是看到想要的東西就毫不考慮的馬上買下？這些心態會對我們的未來造成很大的差異。

零用錢的目的並不只是為了讓我們想買什麼就隨便花掉的；但是什麼都不想，只是把錢存起來，也不是個好方法。重要的是我們對金錢的規畫與管理，因此，每個月的零用錢，就是讓我們學習如何有計畫運用金錢的好機會。

但是到底什麼叫做「有計畫的運用」呢？認真記帳，管理自己使用的金額不失為一種好方法，不過往往時間久了就膩了，記錄的工作也自然而然的擱到一邊。

在這裡建議把零用錢分成四個存錢筒的簡單方法。存錢筒只要利用果醬空瓶等家中現成的器皿即可，還可以在存錢筒上裝飾插畫，享受一下自己動手做的樂趣。

四個存錢筒的功能分別是「儲蓄」、「花費」、「交際」，還有「增值」。當我們領到零用錢之後，將錢分別存入這四個存錢筒中，好好考慮比例分配，認真計畫。其中「增值」存錢筒需要父母或長輩的助力，可以跟父母或長輩商量，討論讓金額增加的方法。「儲蓄金錢固然重要，但是讓金錢增加也很重要！」這就是存錢筒管理法能夠學到的最大啟示。

妥善管理零用錢的好方法

養成記帳的習慣

用市售的記帳本或自己製作的記帳本都可以，把花費金額、事由，以及日期都記錄下來。養成記帳的習慣，可以確實掌握自己把錢花在什麼地方。

保管購物的收據

如果覺得記帳很麻煩，建議可以把收據保存起來。只要把購物時拿到的收據依照日期分類，貼在筆記本上做為紀錄，一樣可以把零用錢清楚的管理好。

如果覺得麻煩，往往很難長久持續！

你可以把零用錢分成四個存錢筒！

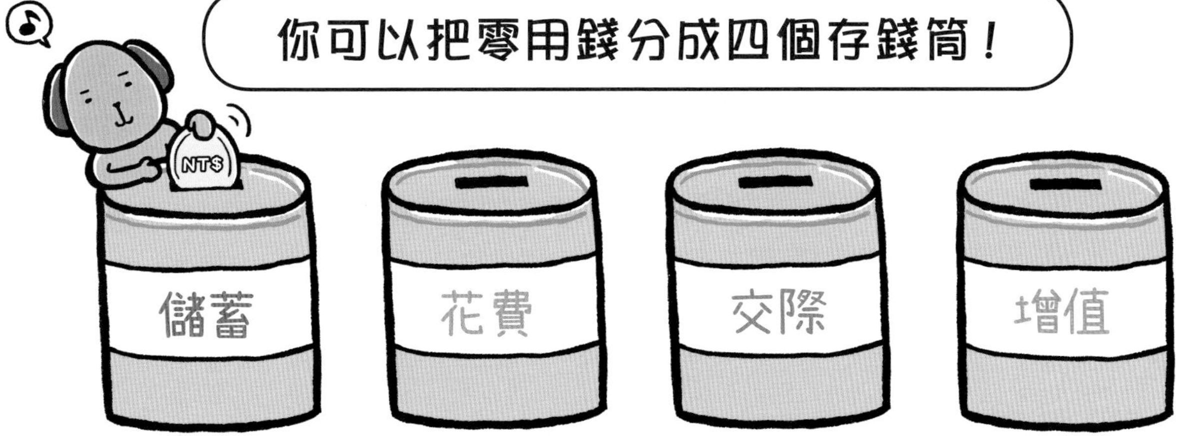

存起來備用的錢。多存幾個月之後，就可以購買本來買不起的昂貴物品了。

用來購買立即需要的東西。金錢除了儲蓄，用來購買真正需要的東西，也是很重要的。

當爸爸媽媽或者爺爺奶奶、兄弟姐妹等重要的人生日，或是重要節日時，用來購買禮物的錢。

學習如何把錢變多的存錢筒。把錢存入後，和爸媽或長輩商量，讓他們根據你幫忙家事的認真程度，增加一點利息。

從四個存錢筒學會規畫管理金錢，長大以後將會受用無窮！

儲蓄

長大之後

成為存款

為了將來的生活和以備不時之需，也為了支出較大的花費，儲蓄非常重要。只要養成儲蓄的習慣，即使只能存一點錢，累積起來就能存下一筆龐大的金額。

花費

長大之後

成為生活支出

長大成人之後，我們會有房租、水電費、餐費等生活支出，想要放鬆時的娛樂費用也在這個項目之內，這些都是每天生活的必須費用。

交際

長大之後

成為稅金、社會保障、捐款

稅金、社會保障是基於互助精神而成立的系統。雖說是用在別人身上，但這些金錢總有一天都會回饋到自己身上。

增值

長大之後

成為投資

長大之後，這筆錢就成為用於投資上的錢。學習存錢、運用金錢很重要，但我們也要學會增加金錢的方法哦！

投資也可以視為一種「用在別人身上的錢」！

總而言之，
最重要的是
認真面對金錢，
仔細規畫
運用方式！

在前面的文章中，我們說到投資是「增值用的錢」，不過換個角度看，投資原本就是「用在別人身上的錢」。例如當我們投資股票時，等於在支持一間公司，因為我們認為這間公司的成長可以對社會有貢獻，所以才會投資公司的股票，支持他們，投資的真正意義其實是「支持」。

學習給自己快樂的賺錢方法！
帶給人幸福的增值方法！
還有聰明的花錢方法！

一起成為厲害的大人吧！

金錢對我們的人生而言相當重要。不過，難道只要能賺到錢，做什麼工作都無所謂嗎？只要能賺到錢，任何增值的方法都可以嗎？要是這麼想，就太可惜了。真正幸福的人生，是可以靠自己喜歡的工作來賺錢。如果能夠從事自己真心喜歡的工作，還能同時讓社會變得更美好，是不是一件很快樂的事呢？

運用投資來增加金錢時也一樣，並不是只要能賺到錢就好。「希望看到自己想支持的公司慢慢成長，打造出更美好的社會」這份心意才是最重要的。不管是工作或投資，最重要的是關懷和體貼的心態，一個能懷抱誠摯心意和心態來賺錢的大人，才是最厲害的大人，讓我們一起努力，成為這樣的大人吧！

名言 特別篇

西塞羅
（西元前106～前43年）
羅馬政治家、哲學家。

財富帶來的不幸，
是所有不幸中最糟的一種。

收入就像鞋子。
太小了覺得受到束縛，緊繃不舒服。
太大了又容易絆倒，走路不穩當。

約翰・洛克
（西元1632～1704年）
英國哲學家。

金錢這種東西，只要能解決個人的生活；
若是過多了，它會成為遏制人類才能的禍害。

阿佛烈・伯恩哈德・諾貝爾
（西元1833年～1896年）
瑞典著名發明家、企業家、化學家、化學工程師、武器製造商和矽藻土炸藥發明者。

約翰・戴維森・洛克斐勒
（西元1839年～1937年）
石油大王，美國實業家，慈善家

培養一種興趣，產生把錢花得
足以令人滿意的效果。

瑪麗・蓮夢露
（西元1926～1962年）
美國演員、模特兒。

我不是想賺錢。
我只是想成為一個
出色的女人。

付出金錢，買來的東西不會等值。
付出精神，賺來的金錢也不等值。

三毛
（西元1943～1991年）
臺灣女作家

史蒂夫・賈伯斯
（西元1955～2011年）美國企業家。

我的努力不是為了賺錢。
想買的東西轉眼就買完了。

專欄 古今中外和金錢有關的名言

查爾斯・卓別林
（西元1889～1977年）
英國喜劇演員。

只要無畏無懼，
人生可以過得相當精采。
人生所需要的，
是勇氣、想像力，
還有一點點金錢。

不要相信輕蔑財富的人。
對獲得財富感到絕望的人，
才會輕蔑財富。
這種人一旦碰巧獲得財富，最難應付。

法蘭西斯・培根
（西元1561～1626年）
英國哲學家、政治家。

人生不是只有錢。
但沒有錢的人生也稱不上人生。
沒有足夠的金錢，
人生的可能性就少了一半。

毛姆
（西元1874～1965年）
英國劇作家、小說家。

把錢用在對自己對別人都有益的
事情上，不要錯花一分錢。

班傑明・富蘭克林
（西元1706～1790年）
美國博學家、開國元勛之一。

財富就像海水。
越喝就越覺得渴。

叔本華
（西元1788～1860年）
德國哲學家。

老師們的話

給未來的大人們！

咩咩老師

金錢和幸福有著密切的關係。不過，有「較多的金錢就可以獲得較多幸福」這個方程式是不成立的。希望大家都可以發現自己專屬的金錢使用法、賺錢方式，以及生活方式，度過幸福的人生！

安藤老師

投資不只是增加金錢，而是投資自己，鍛鍊自己的專長，讓自己逐漸壯大。長大之後發揮自己的專長，為這個社會做出貢獻，也是很棒的投資。

青青老師

希望大家將來都可以成為能決定自己未來的大人！在此之前，得先好好了解金錢、投資、社會福利等各種知識。

小佳老師

金錢有許多值得研究的道理。一個懂得如何與金錢相處的大人是很棒的哦！讓自己的興趣，以及這份蓄勢待發的心情，與金錢知識結合，慢慢長大成為理想中的自己吧！

萬里老師

每個人都具有無限的可能性。不要被常識侷限，也不要害怕失敗，勇敢嘗試吧！很多事都要親身體驗才會知道！

結語

學校的課堂，很少教導金錢相關的知識。
等到長大成人，出社會之後，你會發現，金錢非常重要。

工作賺到的是金錢，購買想要的東西、需要的東西也必須付出金錢。
金錢是決定你長大後生活方式的重要關鍵。

所以，如何運用「金錢」，實在是一門重要的學問。

如果變成一個對金錢太過膽小、
凡事都不敢挑戰的大人，那就太可惜了。
但是，滿腦子只想著賺錢，
忘記對別人付出體貼和關懷，
成為把人生完全投入於賺錢的大人，也一樣可惜。

金錢是我們的好朋友，
幫助我們讓人生更加快樂，也更加幸福。

要跟這個好朋友維持良好的關係，共度未來，
首先得先好好認識對方。

這時候，希望這本書能派上用場。

當然，光靠金錢絕對無法擁有幸福人生；
但只要帶著正確的心態與金錢相處，
金錢並不會成為幸福的阻礙。

為了打造更好的社會，
必須學會讓人幸福的賺錢、增值，以及花錢方法；
同時我也衷心希望，
未來，你能成為擁有幸福人生的大人。

——Kid's Money Station 代表　八木陽子

監修 **八木陽子** ／ **Kid's Money Station代表**

2005年起創立金錢教育、職涯教育的「Kid's Money Station（兒童理財站）」。截至2019年，旗下擁有約200名講師，在日本全國中小學擁有大量的授課及演講經驗。2017年4月起，日本文部科學省檢定的高中家政科教科書介紹其為「日本財務規畫師」。

翻譯 **詹慕如**

自由口筆譯工作者。翻譯作品散見推理、文學、設計、童書等各領域，並從事藝文、商務、科技等類型會議與活動之同步口譯。譯作有《Earth地球叔叔教我的事：做對選擇就能改變》（小熊出版）、《胡思亂想很有用：吉竹伸介的靈感筆記》（三采）等。臉書專頁：譯窩豐 www.facebook.com/interjptw

審訂 **黃子欣**

兒童理財素養教育專家，中華民國教育協會兒童財商教學引導師。致力於推廣兒童理財教育，希望能影響更多的孩子，懂得欣賞自己，勇敢做夢，活出自己的人生，相信「夢想需要財務支持，理好財，就有機會完成夢想。」

小熊出版官方網頁　小熊出版讀者回函

廣泛閱讀

10歲開始自己學管理金錢：賺錢、存錢、花錢、增值的理財知識

監修／八木陽子　翻譯／詹慕如　審訂／黃子欣

總編輯：鄭如瑤｜主編：詹嬿馨｜協力編輯：李美麗
美術編輯：黃淑雅｜行銷副理：塗幸儀
社長：郭重興｜發行人兼出版總監：曾大福
業務平臺總經理：李雪麗｜業務平臺副總經理：李復民
實體業務協理：林詩富｜海外業務協理：張鑫峰
特販業務協理：陳綺瑩｜印務協理：江域平｜印務主任：李孟儒
出版與發行：小熊出版・遠足文化事業股份有限公司
地址：231 新北市新店區民權路108-2 號9 樓｜
電話：02-22181417｜傳真：02-86671851
劃撥帳號：19504465｜戶名：遠足文化事業股份有限公司

E-mail：littlebear@bookrep.com.tw｜Facebook：小熊出版
讀書共和國出版集團網路書店：http://www.bookrep.com.tw
客服信箱：service@bookrep.com.tw｜客服專線：0800-221029
團購請洽業務部：02-22181417分機1132、1520
法律顧問：華洋法律事務所／蘇文生律師
印製：凱林彩印股份有限公司
初版一刷：2021年8月
定價：350元｜ISBN：978-986-5593-47-6

國家圖書館出版品預行編目（CIP）資料

10 歲開始自己學管理金錢：賺錢、存錢、花錢、增值的理財知識 / 八木陽子監修；詹慕如翻譯；黃子欣審訂. -- 初版. -- 新北市：小熊出版：遠足文化事業股份有限公司發行, 2021.08
96 面；19×21 公分. --（廣泛閱讀）
譯自：10 歳から知っておきたいお金の心得：大切なのは稼ぎ方・使い方・考え方

ISBN 978-986-5593-47-6（平裝）
1. 金錢心理學　2. 個人理財

561.014　110009770